书

BOOKS

偈

书偈

李庆西 ❁著

中国文史出版社

目　录

卷中　书偈二

卷下 弁 语

题　叙

　　《书城》杂志封底有一个介绍新书的小栏目，叫作"每月书偈"，自二○○六年六月这份杂志复刊以来，我就参与编辑工作，每期都要撰写这样一篇关于书的文字（有时是两篇，包括封三），一直写到二○一三年十一月号。现在这个栏目还在，改由别人写了。这些"书偈"每篇虽然只是三五百字，写起来并不轻松，光是看书就颇费时间。也许在别人眼里，这些文字只能归入"竹头木屑"一类，可是对我来说却有敝帚自珍的意义。

　　由于编辑职业关系，多年来我一直在琢磨：怎样用极简的文字来描述一本书？旧时藏书家的书志、题跋、读书记之类，显然是可资借鉴的方式，不过那样的文字多半兴趣不在书内，而是更多着眼于书外，如图书掌故、版本沿革与趣闻，乃至藏家之情致、意兴，等等。四库全书的书目提要倒有内容概述，但文字比较呆板，完全没有逸兴遄飞的文人气息。近人周越然、唐弢、叶灵凤的书话作品大有推陈出新之义，给我很多启示。还有英国作家伯吉斯《现代小说佳作九十九种》，也曾是我学习的对象。我作为编辑（过去是图书编辑），从业已三十余年，这种"为书作嫁"的文字生涯从未间断，举凡序言、前言、编辑旨趣、出版说明那些卷首语，甚至书市上易拉宝的广告词，可谓应有尽有。我写这类文字，虽由职事驱使，倒不尽是例行公事，说来真有一份喜欢，总想认真做好。

曾有人问我，你写的"书偈"究竟算书评、书话，还是书籍广告？其实都不是，也都能挨上一点。"书偈"是我自造的词儿，"偈"本指佛家的偈语、偈颂，其文字简净、譬解精妙，可作为一种追求的境界（其实中国古代的某些文论著作，如《文心雕龙》、《沧浪诗话》，都带有偈言的意味）。我想，作为一则介绍新书的短文，很难要求对一本书作出深入解读与评骘，倘若能在印象式概括之外，约略触及其精要之义，就能给读者提供不小的帮助。除此，很难说这里边有什么文章作法的规律。"书偈"也好，其他各种卷首语也好，这些"编辑应用文"写作亦是"文无定法"，因为所介绍的书籍性质与体裁各不相同，没有固定格式可言。

本书除了收录八十余则"书偈"，还编入书籍卷首语二十篇。因为在出版这一行混迹已久，卷首语一类文字写过更多，这里仅选收了很小一部分。

其实，我没有想过这些文字可以结集出版，是黄育海先生建议将它们集拢一册。育海的意思是，这些"书偈"和书籍弁语可以作为编辑写作的参考资料。滥蒙嘉许，不揣谫陋，于是就有了这戋戋小册。其中难免舛误和不足，还望读者指教。

马合省、韦健玮兄为本书出版费心良多，在此深表谢意。

李庆西

二○一六年四月十八日

卷上　书偈一

千江有水千江月

〔中国台湾〕萧丽红 著

人民文学出版社 2013 年 1 月出版

很少有这样的爱情悲剧——没有大喜大悲的转圜，没有揪心揪肝的别离。斯人去后，留下谜样的心踪，也还有记忆里的欢喜，小女子贞观左想右想总不是一样的道理。寂寞中参详人情因缘，要的是一份明白，悟透了一切再把心底的痛楚还诸天地还诸神佛。这性格写得嵚崎磊落而贴贴实实，就像书里台南乡间的民俗人情，还有四时八节的眼前风景，实在之处也见其空灵、邈远。

读着这样的作品真是很想走进这样的生活里。

萧丽红的叙述是一种玩味的美学，决然撇开恋人故事里一向绕不开的理智与情感的老套，换以智慧的态度去看取人生，故而

细致深沉的描述总是带出玲珑透剔的感觉。当然，她的文字同样极具"玩"的意味，笔墨打磨得泠泠有致，在字斟句酌中把玩人生真谛，这不能没有几分造作，偏是给人一种不忍释弃的意匠之美。书中贞观与大信的几十通情书更是难得的好文章，温婉而真率，风趣而得体。台湾论者以为本书颇有《红楼梦》遗风——从贞观撕信自然联想到黛玉焚稿，此姑不论，但本书男女主人公的书信倒很像诗词之于《红楼梦》，也是值得咀嚼再三的点睛之笔。

枪侠/三张牌

（《黑暗塔》 Ⅰ - Ⅱ）

〔美〕斯蒂芬·金 著　陆晓星（《枪侠》）文敏（《三张牌》）译

人民文学出版社 2006 年 5 月初版

杰克问，"你从哪儿来？"

枪侠说，"从一个再也不存在的地方来。"

这个名叫罗兰的枪侠此生注定磨难多多，他在驿站与杰克相遇时，世界已经发生"转换"。关于罗兰那个世界，斯蒂芬·金仅给出一些零落残缺的答案，那些隐晦的叙述似乎包含着许多不解之谜。起首的《枪侠》只是这部煌煌七卷大书的一个楔子，但一上来就以超凡的想象力奠定全书恢弘的格局，罗兰的执着、坚韧与警醒亦刻下最初的印迹。

从昔日充满阳光与爱的世界被抛入这荒蛮之地，寻找本身成了无奈之举，可是传说中的黑暗塔却唤起罗兰痴迷的热情，通向神秘之境的漫漫旅程即由此启动。到了《三张牌》这儿，故事已渐入佳境。荒凉的海滩和繁华的纽约街市交叠出现，"门"内"门"外，风景殊异。"门"是一个引人入胜的游戏通道，就像电脑上从一个界面进入另一个界面。于是，埃蒂、奥黛塔和黛塔相继登场，罗兰的"寻找"终于成了我们这个世界的使命。

老金的野心是打通文学创作中"通俗"与"严肃"的传统界限，把现实与虚拟的场景连缀起来，将史诗与游戏捏合到一处。他三十多年的功夫真没有白费，玩得够累，也够爽。

心是孤独的猎手

〔美〕卡森·麦卡勒斯 著　陈笑黎 译

上海三联书店 2006 年 5 月第 5 次印刷

也许麦卡勒斯把女孩米克写得太有女孩味儿了，而聋哑人辛格又是那么仁爱那么静如止水那么酷得不可思议，以至许多人以为这是一本凄婉的小资读物。其实，书中那些若即若离的人物关系，那些若隐若现的情感触须，早已逾出私人话语的阃限。可是公众的兴奋点又在哪里呢？人心疏离自是公共话语的缺失。随着故事一步步拓开叙述视角，你会发现这里每个人都是一个隐秘的世界，似乎谁也搞不懂谁。

孤独的声音并不只是内心的喟叹。如果说，孤独出于上帝的漠视，那就不妨更多表现为无处不在的忿争和街头呐喊。贫困的

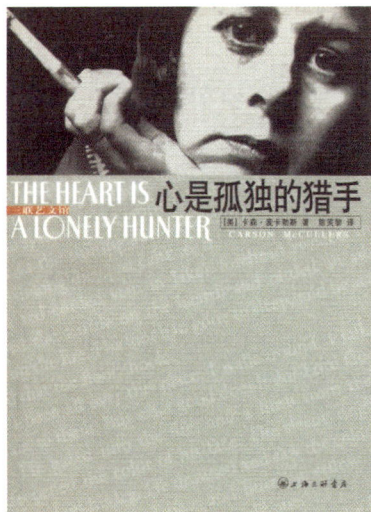

焦虑，成长的困扰，种族与阶级矛盾……于是都在麦卡勒斯笔下一股脑儿倾泻出来。她写深怀使命感的黑人医生考普兰德，如何为黑人民权事业奔走呼告，为同胞的苦难捶胸顿足；她写工运分子杰克，揣着马克思的书四处流浪，喝一口葡萄酒都琢磨着酒滴中的剩余价值；还有咖啡馆老板比夫，一个庸庸碌碌而颇具江湖道义的怪人，每日里都在打探天下的大事小事。

比夫暗恋着女孩米克，而米克钟情于哑巴辛格，辛格的心思却在另一个哑巴安东尼帕罗斯身上。全都是一种错位关系。工运活动家与黑人领袖也没能谈到一起，辛格一死，人们之间的纽带就消失了。辛格是一个象征，却意味着诉说与倾听的虚妄。

古代中国文化讲义

葛兆光 著

复旦大学出版社 2006 年 6 月初版

为什么古人连穿衣戴帽都有如此繁复的礼仪？为什么战乱不断的古代中国却少有宗教战争？中国佛教的观世音菩萨与西方天主教的圣母有关系吗？道家的抽象玄虚之"道"怎样变成了道教的一大堆神仙鬼怪？怎样理解阴阳五行的知识体系？……

说到古代中国文化，这都是不小的问题。其实，不光是学问大小的问题，能否以通晓明白的语言、非常俭省的篇幅把这些都讲述清楚，更是一桩难事。关键是找到一种路径，就是如何切入那些话题，去找寻那个叫作"过去"或者"传统"的世界。葛兆光先生有一套绝佳的入门方案，就是让读者揣一张地图去古代中国旅行，所以书中授业解惑的诀窍便是让读者更多地依靠自己的阅读和体验去走近古人，回过头来再从那些年湮代远的沉淀中发现它们与现代中国的联系。

本书叙说的传统文化不仅见诸经典文献的记述，许多话语线索也来自小说、戏文、年画、弹词、宝卷等俗文艺素材，作者从婚丧娶嫁、庙会法事乃至四时八节的民间习俗中唤回历史记忆，把你带入那个上下五千年的时光隧道，打开一个个栩栩如生的人文聚落。如同佛禅所谓人人皆有佛性一样，葛先生相信每一个中国人内心都储存着传统文化的记忆与经验，都会有见理见性的解悟之径，这是一个非常透辟的思想。

风之影

〔西班牙〕卡洛斯·萨丰 著　范湲 译

人民文学出版社 2006 年 10 月初版

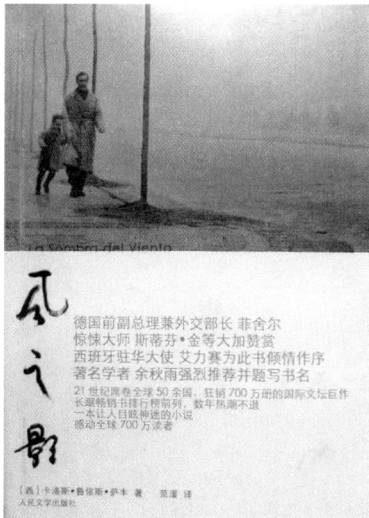

"遗忘之书墓园"是一座收罗为世人遗忘的各种书籍的图书馆，达涅尔十一岁生日那天在这儿得到一本卡拉斯的稀见小说《风之影》。继而开始寻找同一作者的其他作品，这时惊讶地发现一畸形男子也正四处寻找卡拉斯的所有著作，并欲焚毁殆尽。而达涅尔手里这本《风之影》也许是最后的存世孤本。

一场单纯的文学寻根之旅，却意外开启了通往巴塞罗那阴暗历史的恐怖之门。当神秘的卡拉斯一步步走入人们视界，达涅尔的人生道路也开始与之重叠，若不及时找出真相，他身边的至爱亲朋都将罹于谋杀，沦为魔法与癫狂的牺牲品……于是便一路追索书中那个潜藏的灵魂，于是字里行间的时空陡然放大。在巴塞罗那的阳光、阴霾与雾霭之中，人性、爱欲与仇恨重重交叠，恍如风中幻影。

乍看之下，这是一个奇异的成长故事，阴森的哥特氛围和凄美的爱情线索变幻莫测，而推理解谜的叙事手法更是摆弄得丝丝入扣。然而，萨丰笔下总是不乏直指人心的宏大场景，从卡拉斯到达涅尔，那种交错、平行的人生轨迹折射出历史的纵深——巴塞罗那屡经变迁，望族显胄远走他乡，旧日书商早已星散。可是，当西班牙人亟欲重振往日荣光之际，毁容的作家重拾秃笔，凄绝的乱伦之恋也竟有情人终成眷属。当年的孩子已为人父，如今牵起稚子之手，再走一遭遗忘之书的墓园。物换星移，时过境迁，唯有阅读仍在。

名作的中国绘画史

江宏 著

复旦大学出版社 2006 年 9 月初版

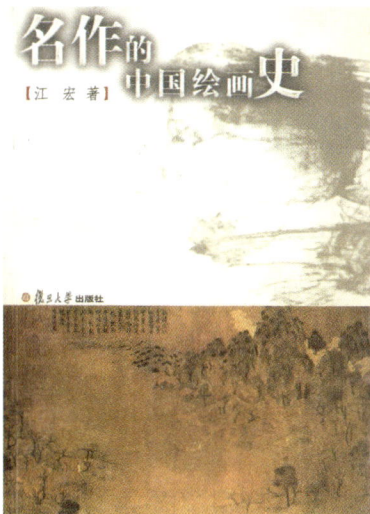

哦，绘画史！这《名作的中国绘画史》其实就是一部中国绘画史，这特意彰显"名作"的书名无疑凸现了一种正本清源的思路——绘画史难道不是绘画名作的历史吗？

绘画史的写法历来大同小异，从时代背景开讲，扯到题材变化扯到审美意识，再是材料与技法……嵌入这样一个框架，作为绘画史主体的画家画作倒成了史脉以外的东西，不管篇幅多少也只是佐证作者学术理念的一种释例。不光是绘画史，这种述史的话语方式几乎成了艺术史和文学史的标准工艺。

终于有人来搅局了。不，终于有人自出机杼，另辟一途。

江宏先生这本书偏是把那些预设的观念撇在一边，上手就盯着画作，从战国帛画的造型特征讲起，联系早期的岩画、陶画乃至汉字的原始形态，一开始就把中国绘画写实与写意的关系讲得清清楚楚。在张弛有序的叙说中，于史有征的三千年之中国名画相继奔来眼底；在解读与赏析之中，往往几句话就点透了风格、程式及其美学意蕴。从阎立本、吴道子的线条意度说到"疏体"用笔特点，从张萱、周昉、顾闳中的体态风姿说到质感与传神之关系，学院派每每细抠的笔墨程式自是一样不少。仅是皴法变化，这里就是一个针脚绵细的递述过程，董源、巨然、李成、范宽、李唐、马远、赵孟頫、黄公望、吴镇、倪瓒……这样一路下来，读者从众多名家用笔中自然就看出了门道。从画作入手，犹似开门见山，极易唤起接受主体的审美感觉，如徐渭、八大的苍凉朴拙，弘仁、石涛的野逸高旷，由"感"到"悟"，似在一步之间。

　　本书作为重写绘画史、美术史的一个推陈出新的范例，不乏可圈可点之处。作者文字功夫和文献功底俱臻上乘，眼界甚宽，自信满满，不听旁议众说，直追古人《历代名画记》、《图画见闻志》之高蹈风范。

微物之神

〔印度〕阿兰达蒂·洛伊 著　吴美真 译

人民文学出版社 2006 年 4 月初版

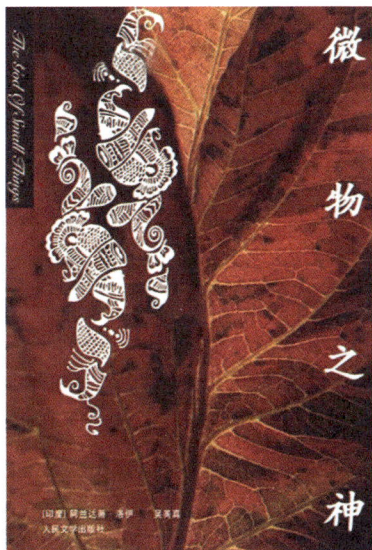

　　二十三年前那个暴雨骤歇的夜晚，年仅七岁的双胞胎兄妹艾斯沙和瑞海儿跟大人玩了一手离家出走，他们还带上了从伦敦来的表姐苏菲默尔——恰克舅舅与白人前妻的女儿。这个"反抗"的游戏寓意深长，其代价之惨痛足以成为一种历史记忆，人们透过逾越的身影窥见了另一对逾越者脆弱而渺小的命运。

　　苏菲默尔落水身亡就像打开了潘朵拉盒子，释出想象与虚构，嫉恨与偏见。这个"亲英"的古老家族毫不迟疑地将贱民维鲁沙押上了祭坛，因为真正闯入禁区的逾越者是双胞胎兄妹的母亲阿慕与维鲁沙，一宗私情很快变成了谋杀证据。而一桩并非事先策划的阴谋居然打理得熨熨贴贴，老处女宝宝克加玛，昏愦腐败的警方，还有工厂主恰克和左右工会活动的皮莱同志，所有互相箝制的各方迅速结成了共谋关系。这是喀拉拉邦民主运动与种姓制度的和谐社会，在历史和文学都已被商业征召的时代，传教士文化与草根传统合力打造着后殖民时期古怪的世道人心。

　　本书的叙事手法相当别致，作者采用了一种少见的回旋式结构。开篇即从二十三年之后讲起，双胞胎兄妹重回故里不能不面对自己当年所扮演的角色，不能不一再回忆当时的每一个细节，时间的河流被切割成一个个记忆与幻觉的片断，这样重新归置到不断闪挪的情节之中自是放大了思忖的意味。当初他们在宝宝克加玛的教唆下向警方做了伪证，早晚要面对灵魂的自我拷问。但是，这里丝毫没有撕肝裂肺的描述，那些灵动的字里行间就连苦难也带有某种谐谑之趣，作者眼里的渺小就这样颠覆了崇高的法则。

四法则

〔美〕伊恩·考德威尔　达斯汀·托马森 著

张颖　徐玲 译

人民文学出版社 2007 年 1 月初版

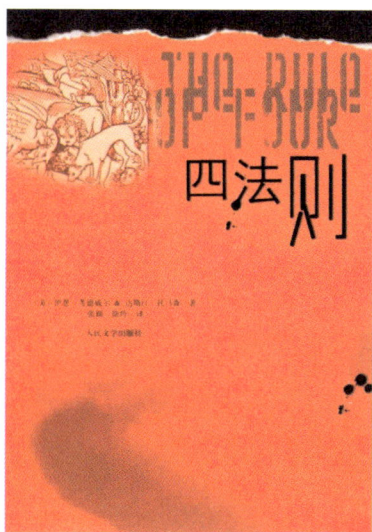

一部欧洲文艺复兴时期的稀见小说，墙门相沿的几代学人，有如老吏断狱的学术推理，这一切终于融入迷雾重重的悬疑氛围。信不信由你，人家老美差不多也是清儒考据的一套，由文字入手，寻绎文字背后的东西。他们亦自信奉中国人"书中自有黄金屋"的古训，不同的是人家绝对跟你玩真的，学院书斋里的孤心苦诣总是跟寻宝故事联系在一起。

可是，普林斯顿校园的枪声与火灾，受难节演讲会上突如其来的搅局，再加上一点美国式的"阴谋论"，这事情开始让人觉得忐忑不安。该有的都有了，历史的腥风血雨和现实的烛光斧影，还有大学生的友谊与青春绮梦。机灵的保罗如何周旋在研究生斯泰因、论文导师塔夫特和艺术品商人库里之间——是他们在摆弄保罗，还是保罗在利用他们？而作为叙述人的汤姆，一个踌躇不前的旁观者又看到了什么呢？

至于当年，塔夫特、库里和汤姆的父亲何以闹掰了，那纯属学术见解的分歧，还是各自留了一手？面对一道道足迹模糊的学术迷径，如何绕过那一个个陷阱，这是一个问题。保罗几乎就要找到那处密室了，可是年湮代远的密码依然锁闭着暗夜中的神灵——又是密码！热那亚守港人吊诡的日记出现了，此后一切变局皆由此而起。罗马贵族科隆纳留下了开启迷宫的密钥，那是智者对智者的馈赠，正是那个"南四—东十—北二—西六"的四法则，守护着五百年前佛罗伦萨的光荣与尊严。

"强者胜于弱者，而智者胜于强者。"汤姆的老爸如是说。

风云突变的时代

一个西班牙记者眼中的俄罗斯

〔西班牙〕拉斐 著　傅石球 译

复旦大学出版社 2006 年 12 月初版

"你听到了吗？"

"什么事情？"

"……政变！"

一九九一年八月十九日清晨，许多尚在睡梦中的莫斯科人都被这样的电话叫醒。电视里每隔十分钟播报一次《苏联领导人的声明》：戈尔巴乔夫"因健康状况而无法履行苏联总统职责"，新成立的国家紧急状态委员会宣布实行……外边并没有枪声大作，可坦克已经上街，于是出现了叶利钦爬上坦克谴责政变领导人的一幕。在出色的资深记

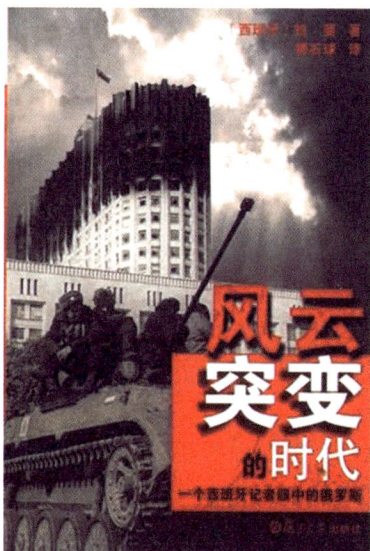

19

者拉斐笔下，莫斯科的阴谋和混乱就像是一个巨大的政治迷宫，故事套着故事，充满了卡夫卡式的荒诞。

一边是权力对权力的死磕，一边是模棱两可的行动目标——民主与权势共舞，自由主义与"市场布尔什维克"互为表里，苏联悲剧的每一个细节都埋下了发人深省的线索。拉斐回溯当日之际，不但究查旧制度的僵化，更是揭示了"新思维"的教条性。从二十世纪八十年代中期的改革到九十年代初苏联解体，这部生动的俄罗斯纪事几乎记录了风云变幻的全过程，以旁观者的目光解读那种不断变换游戏规则的政治经验，当然还有制度、经济、意识形态和民族问题，事情确乎从多方面展示了时代的诉求。然而，作者真正思考的问题是，那些令人晕眩的事变背后如何隐藏着俄罗斯人深刻的历史恐惧症。

如果说性格即命运，那么在极端主义占上风的俄罗斯政坛上，悲剧和喜剧的主角背后则是相同的推手。戈尔巴乔夫绅士式的"中派主义"为什么弄得众叛亲离，叶利钦的"赌徒政治"何以就能成势，还有那些身为经济学家的政治精英怎么会把经济搞得一团糟？本书对若干政治人物的评骘实在让人思绪万端。

我与兰登书屋

贝内特·瑟夫回忆录

〔美〕贝内特·瑟夫 著　彭伦 译

人民文学出版社 2007 年 2 月初版

做出版的大都知道兰登书屋，却未必知道贝内特·瑟夫。这个爱讲笑话的美国犹太人在八十年前与唐纳德·克劳弗尔合伙，将一家每年只是"偶尔"出版几种珍藏版图书的出版社，发展成为目前世界上最大的出版集团。读他的回忆录《我与兰登书屋》，会让人觉得出版不一定是最赚钱的职业，却可能是天底下最好玩、最有个性、最有创造性和冒险性、也最有价值的职业。

说它好玩，是因为其中充满冒险和创新。譬如为了出版被美国政府查禁的"淫书"《尤利西斯》，贝内特·瑟夫居然会安排人从欧洲带回一本夹带许多文坛名家评论文章的《尤利西斯》，故意让美国海关没收，然后告上法庭，最终用文学标准而不是道德标准上推翻了政府的禁令。譬如兰登书屋出版了一本讲述一个二战英雄被德国人逮捕后誓死不招供的纪实作品《不说话的人》，结果被人揭发书中情节完全是编造的；瑟夫马上召开新闻发布会，说这是一部小说，书名改成《话说得太多的人》，销量反而大增。

　　当然，成功仅有冒险和创新是不够的，还需要与作者建立深厚、真挚的友谊，以及对图书品质的追求。为了遵守尤金·奥尼尔要求在他去世二十五年后才能《进入黑夜的漫长旅程》的遗嘱，瑟夫一口拒绝奥尼尔遗孀立即出版这一剧本的要求，"如果兰登书屋出版这部剧本，在良心上就对不起奥尼尔"。对以晦涩著称的先锋派作家格特鲁德·斯泰因，他说："我愿意每年出一本你的书，无论你写什么。"

　　贝内特·瑟夫用他讲不完的文坛轶事、书业笑话、人生感言，为"出版人"这个职业下了一个完美的定义。

所以

池莉 著

人民文学出版社 2007 年 2 月初版

这是一个简单而又复杂的故事，一个女人的三次结缡，每一次都以失败告终，意外、愤怒和绝望的情氛漫无边际。婚姻作为一种生存手段在这里一再被施用，别人在利用她，她也利用过别人，当她付出真情之际恰恰找不到心灵的着落点。然而，这并不是一部探讨婚姻和女权问题的作品，因为在"所以"的背后勾连着太多"因为"的端绪——因为你无法想象生活中会有那么多因为，所以一切的一切都春梦无痕地融入了话语黑洞。

人届中年，鬓丝憔悴，这是"昨夜西风凋碧树"的况味。她深夜无眠，泪水滂沱。

　　一个失败的女人背后并非仅只是男人的荒唐。叶紫想做一个好女孩、好女人，从小到大却总是不能迈入理想的门槛，家庭、社会、时代在她眼里都摆脱不了那种疏离感。失败的宿命背后是什么呢？岁月的神秘暗号莫非依然照旧？在人心惶惶、人心思变的时刻，还有什么能够让人心安理得地面对自我？如许冷漠的叙述语调似乎是一腔怨怼，一种睥睨世俗的神态，又似乎回答了一切。犬儒式的社会默契，瞒与骗的游戏规则，最终斫损了人的尊严。

　　作者以独白文体叙述女主人公的坎坷人生，几乎是平铺直叙地持续推进，从容不迫地拧紧发条，让接踵而至的厄运穿透故事的重帷。值得注意的不光是这种叙述力度，本书单线条情节之外俨然隐含着若干互相冲突的主题，糅合了自然主义和私小说的双重手法。

南方的寡妇

〔美〕罗伯特·希克斯 著　张建平 译

人民文学出版社 2007 年 3 月初版

一八六四年十一月三十日，富兰克林之战发生的当天，主人公卡丽·麦加沃克的家宅被征用为战地医院。种植园平静的生活就这样被南北战争打乱了。这个仅有两千五百人口的南方小镇一天之内要面对南北双方九千多名死亡士兵，从救护伤员到掩埋尸体，所有的一切都在折磨着人们的心灵。卡丽与卡什威尔中士在这非常时刻不期相遇，彼此内心渐渐出现了局促不安的动向，接下去会有什么故事呢？事情可不是你想象的那样。

这场战争是美国历史上最重大的事件，可是它留给美国人的记忆并非绵绵不绝的深仇大恨，更多的是不堪

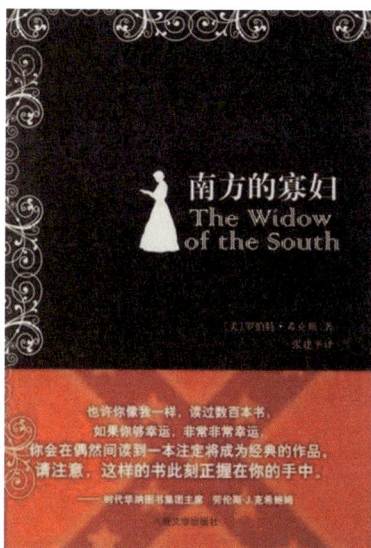

25

回首的惨痛。战后成了墓园守护人的卡丽找到了自己的归宿，她祈祷人们从遗忘中获得宽慰，摆脱暴力、痛苦和复仇。尽管历史学家早已给出这场战争的定义，但正义非正义那种教科书式的结论恐怕难以指引灵魂的解脱，美国人的暧昧之中自有民族和解的愿望，事情正如书中一名联邦军中尉所说，"一个人杀死另一个人有什么可骄傲的呢？"

南北战争给美国小说家留下了取之不尽的好题材，以前马格丽特·米切尔的《飘》就是中国读者非常熟悉的一部名著，近年又有爱德加·多克特罗的《大进军》（The March）横空出世，而华纳图书出版公司二〇〇五年推出的这部《南方的寡妇》更是为普通读者和文坛人士交口赞誉。这部由不同视角组合的带有纪实风格的作品，深深地触到了个人与国家的痛楚，从人性的细微之处揭示了战争的毁灭意味。

走出中世纪（增订本）

朱维铮 著

复旦大学出版社 2007 年 4 月初版

中国多难，近世尤甚。

从中世纪到近代的历史行程绝非顺理成章的过渡，鼎革之际不啻重新洗牌，杀戮更兼戮心，士大夫终于被赶入"死亡之门"。剩下来便是礼仪之争、夷夏之辨，从闭关锁国到被洋人炮舰轰开国门，直至革命与暴动相偕而生。晚明至清末三百年间充满诡谲之雾，历史的每一步都留下了让人揣度的空间，难怪今人多以戏说之言渲染当日宫闱政治的猥琐叙事。

朱维铮先生治史注重整体认知，一扫凡夫俗儒之陋识，眼前这三百年是一个时空连续体。他从一系列历史个案中看到走出中世纪的艰难步履，从歧异纷纭的陈述中发现旧史居心可疑之处，

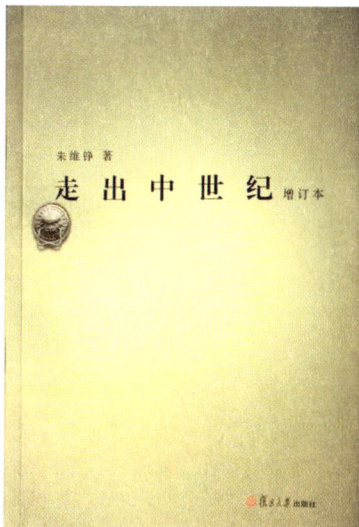

从经济史的角度分析帝国政治结构、社会结构的停滞与变化，从清代学术复古思潮中反观王学与西学的微妙关系……作为一部专题性论集，本书对若干历史人物的评骘与解读亦是十分精彩，如利玛窦与徐光启的交往，汤若望与杨光先的公案，还有对章太炎思想抉隐发微的深入梳理，无不显示出作者独到之见。

以史证史，论从史出，审慎的考察自然引出深层次的问题，因而书中的许多提示和质疑都极富思想的魅力——譬如，清代统治者何以尊崇朱学而贬抑王学？如何看待雍正革除积弊的政绩？为什么清初的贰臣皆由忠而获咎，而顾炎武、黄宗羲辈是真心不与清廷合作吗？清代的农民起义为何总是以宗教形式出现？

一连串沉重的话题，一连串深具哲思的追索，带给读者的竟是读史的厚味与妙意。

胡风家书

张晓风 编

复旦大学出版社 2007 年 5 月初版

这些情真意切的文字记述的并非一段风花雪月的往事，在胡风写给夫人梅志的书信中，家事国事天下事总是交织并抒。从颠沛流离的抗战岁月到三十万言上书后的危机时刻，胡风永远怀着光明的希望，不甘陷入"精神奴役创伤"的泥淖——他与妻子相濡以沫，相与勉励。几十年间，他们聚少离多，暌违之际胡风援笔诉说衷肠，鱼雁往返中不意给后人留下一份历史的证言。

一九五五年的"胡风反革命集团"冤案是共和国文化史上的重要事件，如今回视那些风雨骤变的日夜，或许可以将目光瞥向更深远的角落，而胡风本人的精神视野和性格内涵也是值得关注的重点。思想的分际，早年的怨隙，文化构想的现代性与民族性的纷争……所有一切在这些珍贵的文字中都依稀留下岁月之痕。一个自信、孤傲、老谋成算的胡风，一个热情、坦然、天真烂漫的胡风，一起跃然而现，在夫妻私语中他比任何传记和回忆录里都来得真实可信。

时间开始了，时间也终结了。曾与中国共产党患难与共的胡风是令人感佩的，也同样令人扼腕叹息。其如何成为一个悲剧人物，男儿热血和诗人的冲动如何化为灯下的嗟叹，这里有着一大堆发人深思的问题。这三百五十余通家书尽管不能给出某种答案，却毫无疑问把人们拽回了历史现场。

"悦读经典" 小丛书 (四种)

论语一百句　傅　杰 解读
孟子一百句　徐洪兴 解读
老子一百句　汪涌豪 解读
庄子一百句　陈引驰 解读

复旦大学出版社 2007 年 5 月初版

这是开启圣贤之门的几把钥匙，带你从历史廊檐下逶然而往，步入孔孟、老庄和诸子百家的堂庑。为什么两三千年前的人格塑形至今仍闪烁哲思的光芒，曳尾泥涂中的治世箴言何以万世常新？解读者踔跞古今的精神视野印证了一个内在的理路——古老中华的人文智慧是一个层累相叠的构造。

温习文化记忆，接续历史传统，是每一代人必须的功课。但

"温故"而须"知新"，古人的经典永远要面对新的语境，要面对每一代人的生存与发展，要有自己的创造性诠释，正如葛兆光教授在为这套丛书撰写的引言中所说，"传统的关键在'传'而不在'统'，所谓'传'是发掘自己的资源，加以重新诠释，重建当下的文明。"

如何传述是一种门道，其中包含旨意、对象、言说方式等等。这套名为"悦读经典"的小丛书于经典章句中寻绎人世的关怀，实着眼于当今全球化时代人们的精神需求，从敦行立品到行藏进退，从职场危机到天下风云，富于警策之义的表述每每产生古典与现实的共振效应。担纲解读的撰述人多为海内中年一代学术名家，学殖既富，思想闳放，言事说理极富妙趣，弹指謦欬之际更见知识者的修养与风度。

时间旅行者的妻子

〔美〕奥德丽·尼芬格 著　夏金 安璘 译

人民文学出版社 2007 年 4 月初版

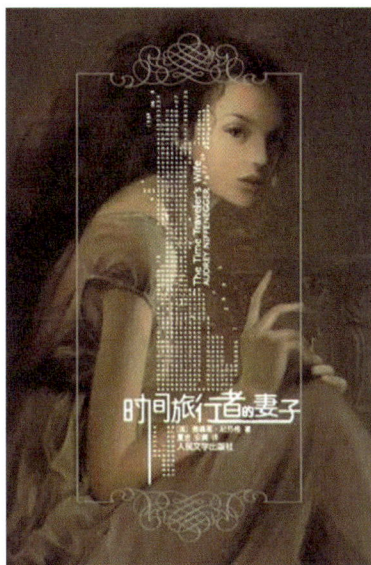

相遇那年，她六岁，他三十六岁；结婚那年，她二十三岁，他三十一岁；离别后再度重逢，她八十二岁，他四十三岁……亨利是一个患有慢性时间错位症的图书馆管理员，不由自主地出入人生的不同时间段，妻子克莱尔是在正常生命旅途中行走的艺术家。结婚多年后，亨利突然发现自己回到了童年，而她早在六岁时就认识他了。

在如此迂回的生命旅行中，亨利一次又一次把爱人远远抛在了身后，克莱尔却用一生的时间等待爱人回到身边。这让人想起马尔克斯《霍乱时期的爱情》中男主人公在长达半个世纪的岁月里痴情等待他深爱女子的感人故事。《华盛顿邮报》对本书有如此评价："奥德丽·尼芬格和马尔克斯一样,他们试图告诉我们,在如此崇高的爱情里,没有悲剧可言,也永远不会被任何限制所困。"

因为身不由己地倏忽而往,亨利会亲眼目睹往昔自己的种种遭遇,可是他只能旁观,只能重复品味那些欢乐、悲伤和痛苦。而在正常的时间旅途中行走的克莱尔,虽然拥有时间,却只能通过触摸亨利来触摸时间。这是一个新颖的故事,它涉及到三个层面的连动:引人入胜的科幻概念、栩栩如生的人物刻画,以及感人至深的爱情。全书交织着亨利和克莱尔不同角度的视野和叙述,传神地表达出亨利心中的无奈和克莱尔那种总是无法相随的思念。

九故事

〔美〕塞林格 著　李文俊 何上峰 译

人民文学出版社 2007 年 7 月初版

　　跟许多大作家一样，塞林格也是靠长篇成名，拿短篇来成就自己的梦想。其为数不多的作品中，影响最大的是《麦田守望者》，而艺术上真正玩到家的却是《九故事》——这本由九个不成系列的短篇小说组成的薄薄的集子，从哪方面来看都显出炉火纯青的成色。

　　在塞林格眼中，成人世界的精神腐败早已不可救药，所以将良知与希望寄予未及涉世的孩童。小男孩特迪，小女孩拉蒙娜，甚至那个四岁大的娃娃，不仅天真未泯，而且精灵古怪。他们将自己的情感付与自己

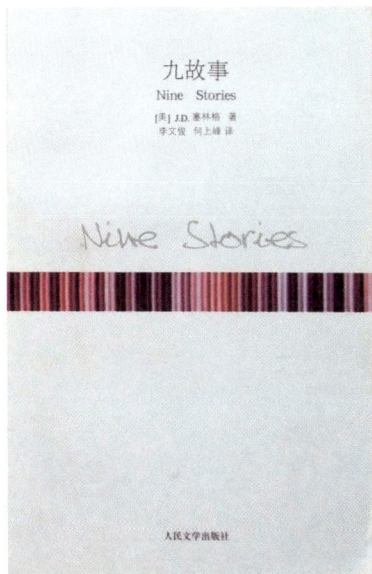

的虚拟世界，行事乖张，颇费猜解，却总是出其不意地搅动着成人的心灵。成人那边是一个不对称的世界，这里也许并没有情节的交互，但塞林格会巧妙地设置某种精神通道。

借孩子的叛逆来颠覆成人世界，可以说是这些故事的灵魂，为此他往往采用一种约略对称的叙述模式，在庸碌的凡俗生活中相映成趣地嵌入另一个世界。在《笑面人》中，一边是酋长、赫德森小姐和棒球队的孩子们，一边是关于"笑面人"的段子。在《威格利大叔在康涅狄格州》中，小女孩的幻想是一个充满童心的爱巢，而她母亲及其女友的人生则是混合着不堪回首的记忆。在《为埃斯米而作》中，X军士与少女埃斯米的短暂交往有着梦幻般的心醉神迷的感觉，转过来是另一对男女用情感夸张的书信往来构筑的虚假世界……

面对世间太多的污秽，有谁还能领会爱与凄苦的含义？

守夜人 / 守日人

人民文学出版社 2007 年 5 月 / 9 月初版

守夜人　　〔俄〕卢基扬年科 著　于国畔 秦一 译

莫斯科召唤深藏不露的"他者"，凡俗世界的骚乱将在黄昏界搞定。吸血鬼、变形人、女巫与黑暗魔法师相继登场，演绎着善恶交错的无间道。安东，一个法术低微的守夜人，此生却注定要做成一桩大事情。然而，当他遇上那位超级女魔法师时，无意中成了新一轮社会试验的马前卒。

为什么光明要采用说谎的方式，而黑暗却在道出真相？也许这是真正的玄机所在。

守日人　　〔俄〕卢基扬年科 瓦西里耶夫 著　杨可 译

开局又是一个绝望的爱情故事，美艳的女巫阿利莎邂逅年轻帅气的伊戈尔，两人迅速坠入情网。不料这缱绻而悲戚的爱情只是一个重大阴谋的序幕。在无法抗拒的爱与必须背负的使命之间，他们面临艰难的抉择。镜中的世界永远难以捉摸，还有守日巡查队老大扎武隆那谜一样的面容……

人们终于找到了自由，但灵魂中却不再有它的位置。奇幻叙事的背后是诡谲的现实。

帝国的终结

中国古代政治制度批判

易中天 著

复旦大学出版社 2007 年 11 月初版

帝国的终结自然要从开端讲起，面对延绵两千多年的集权社会，极善讲史的易中天先生这回径直蹿入时间隧道的另一端——从辛亥革命的枪声想到"秦王扫六合"的遥远场景。抚今追昔，思绪万端，历史的烛光斧影里不仅有许多故事，更有一种制度运作的逻辑与命运。

从战国的百家争鸣到商鞅血腥变法，从秦始皇焚书坑儒到汉武帝独尊儒术，历史何以有此一百八十度的翻转？一种集权专制的政治制度是怎样

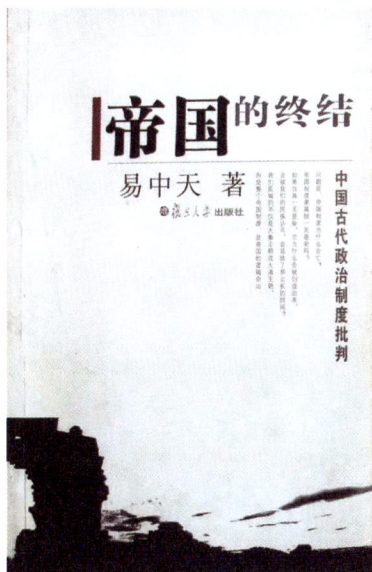

形成的，为什么对于古代中国来说这是一种必然之途？作者于此深究细论，一一辨析。当封建（邦国）旧制寥寂之日，变法改制已是大势所趋，而威权主义兼之怀柔亲民的工具理性在风雨雷霆之中隐然在即。书中举一反三，分疏"真命天子"如何君临天下，奴隶如何"做稳了奴隶"之种种机缘，透彻地诠释了帝国勃兴和王朝更替的历史动因。

以伦理治国，由官员代理，帝国的思想路线和执政方式决定了两千年的宿命。其间种种弊端不仅印证了官僚集团的颟顸无能，且指向帝国制度设计上的症结，作者基于政治经济学的大历史观剖析帝国资源配置的结构性矛盾，详尽检讨帝国本身公私不分、产权不清及政府不作为等诸多问题。在这些议论风发的阐述中，人们仿佛走进变法与动乱的彷徨时岁，领略着革命与暴动的午夜惊魄，又从不断重新洗牌的怪圈中终于发现走向共和的漫漫征程。

唐诗选注

葛兆光 著

人民文学出版社 2007 年 11 月出版

唐诗的魅力永远不可抵拒——只有那个催生了激情、天真和理想的时代，才有这样瑰丽的绝唱，因而一千多年来它不断在中国人心中构建着想象的世界。

葛兆光先生选注唐诗自有心裁——这不但是一种关注语言与形式内涵的读法，同时在寻绎诗人想象有着何样的现实依据，又怎样融入生命的每一份感触……

本书的诗人传略与注释可谓独步于世——作者眼光烁然，评语断言直切诗中义谛，颇有枢轴之范。读诗者无须另寻门径，援此穿窬而往，最易登堂入室。

历代文话（全十册）

王水照 编

复旦大学出版社 2007 年 11 月初版

文章千古事，风流十卷书。这煌煌十大卷，可谓文章之学集大成者。

自清人何文焕纂辑《历代诗话》，丁福保赓续其例再作《续编》，诗话一体影响遂广；另有词话之目相偕而揄，近人唐圭璋遍收词林异述，乃以《词话丛编》聚为渊薮。然而，多年来坊间独缺文章学著作之丛编汇览，实为学人一大憾事。

今王水照先生搜辑编次前贤文话，筚路蓝缕，以启山林；惟孜孜矻矻十数载，披肝沥胆成此巨帙，洵为后学之津梁。全书收入历代文章学著作一百四十

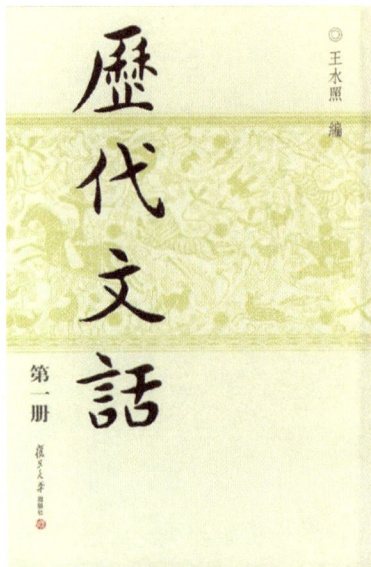

三种，凡六千二百二十余万字。上自宋代王铚《四六话》、陈骙《文则》，下迄清末民初刘师培《文说》、刘咸炘《文学述林》等，历千年之名篇佳构，一一俱备。其中，如宋王正德《馀师录》、金王若虚《文辨》、明茅坤《唐宋八大家文钞评文》、王世贞《文评》、清方以智《文章薪火》、方苞《古文约选评文》、刘大櫆《论文偶记》诸文，纷扬庠序，沾溉既广，是研究者必读之书。

中国文话既不同于西洋文论，亦不同于本土诗学、词学之论，其所撄者未陷于一般文学旨趣，或更偏重文章本体，如文体源流、命意结构、修辞笔法，乃或骈散析义等等。文话本身体式多样，以编者意见有四种类型：一是系统性的理论专著，二是札记式的随谈漫论，三是杂辑前人语录之作，四是文章评点。本书亦按这一脉络进行编选。

书中更有若干稀见传本，如元陈绎曾《文章欧冶》、明高琦《文章一贯》等书，皆于东瀛采入。编者采书皆取善本精审标校，并参酌四库全书之例作详尽提要，多与读者方便。

"悦读经典" 小丛书（二种）

复旦大学出版社 2007 年 8 月初版

诗骚一百句　　　邵毅平 解读

在如今这盛行"去神圣化"的时代，用什么样的话语方式去解读经典是一个颇费踌躇的问题，正襟危坐的吐属是招人嫌了，而戏说胡说的江湖套路也是一大腻歪。本书解读《诗经》、《离骚》，妙处在于分寸拿捏得极好，真正是学者加才子的读法。其疏解原诗原句讲得深辟透彻，却并不囿于前人成说，而是据以接受的角度、传播的视野尽有阐发。譬如，从一句"桃之夭夭"说到中国文学传统中的花卉意象，说到陶渊明、苏轼的诗句，说到唐伯虎的桃花庵，说到"宜其室家"的点睛之笔，还捎带送上居家生活的温馨意味，尽悉道出"诗可以兴"之无穷妙趣。这样的解读富于现代生活质感，恰

44

是对古人的情感与审美理想的深刻理解。

鲁迅一百句　　郜元宝 解读

由章句、文辞入手解读鲁迅原著，颇有古人义疏、校理之风，可是这里又完全不似老儒解经那般钉饾拘泥。着眼于鲁迅煮字炼句乃至如何叙事状物，是一个直指世道人心的大题目，是启悟之门而非鲁学公案。鲁迅既以文字启蒙世人，其精神、情感亦在修辞之道，如"人立而后凡事举"，如"梦醒以后无路可走"，如"直面惨淡的人生"，如"无声的中国"，如"少看或者不看中国书"，如"瞒和骗"，如"看客"和"中间物"之类……这些箴言警句概括了极其丰富的话语内涵，本书借此寻绎鲁迅当下新义，恍若从历史窗口看取明日的风景。作者思维烁然而闳放，文字清新而俊朗，一册在手可玩习再三，令人欢喜赞叹而汲汲不已。

金开诚文集（全四卷）

浙江教育出版社 2007 年 12 月初版

金开诚先生赓续王国维、朱光潜早年拓荒之路，系新时期之初最早对文艺心理学进行系统研究的少数学者之一。其开创性的学术建构将古代文论、西方美学与现代心理学熔于一炉，抽丝剥茧地寻绎艺术思维的心理轨迹，描绘出一幅鸢飞鱼跃、机趣滔滔的图画。收入本书第一卷的《文艺心理学概论》即是这一领域内的扛鼎之作。

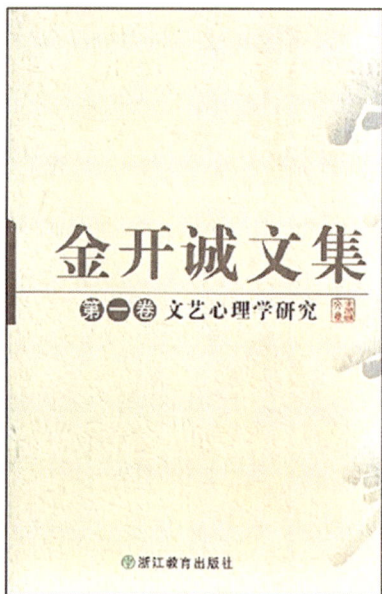

先生兒古心远，学问淹博，出入诗骚词赋乃至经史诸子，触处皆有所得。本书第二卷所辑《诗经简说》、《屈原辞研究》、《楚辞选注》等专著，搜访各家之说，贯穿古今之学，疏通轩豁，粲然可观；第三卷是传统文化散论，从阴阳五行到伦理秩序，从卜筮占决到吐纳养气，摭旧时话语妙得其解，颇有推陈出新之义。作者擅长书法，以书道文字专为一辑，更于楮墨之间见其精神謦欬。

本书第四卷辑入随笔杂谈一百六十篇，怀人记事，读书谈戏，无不胪列。非学问之道，却含蕴丰瞻，字里行间每见学人长者之人间关怀。

嫁给风的女孩

〔法〕莉莲安·古戎 著　马振骋 译

上海三联书店 2008 年 4 月初版

"我只是风，路易丝，"约什卡低声说，"风绕着你的身子吹过，毫不停留……"

吉卜赛流浪艺人约什卡像一阵风似的四处飘荡，可是阳光少女路易丝第一眼就被他吸引住了，一个经典而不落俗套的爱情故事偏在离别之际拉开了序幕。约什卡消失了，又出现了，风的精灵总在绝望时分猝然而至，再度在恋人身边翩翩起舞。

约什卡是天生的小提琴演奏家，已经有许多机会在他招手，那次在马赛令人晕眩的幽会之后，他突然宣布要漂洋过海去美国巡回演出。不料这下麻烦大了，他撇下了痴情的路易丝，无意中还让她替自己走私艺术品的事儿背了黑锅。路易丝没想到会锒铛入狱，更没想到竟在狱中产下了吉卜赛人的私生子。她万念俱灰之中决意忘记她的小提琴手，可是约什卡能够忘记她么？

伤痛之后，爱情顽强地弥缝心灵的创面。风儿吹过普罗旺斯的群山，他们重新开始延绵一生的爱情长跑，下一站是慕尼黑，再下一站是卢森堡……约什卡走遍了欧洲和北美，徜徉于乡野与都市，现在路易丝守在农庄神定气闲地等候他归来。四十年后，约什卡依然像风儿一样满世界游荡，路易丝则无时无刻不在惦记着风向转回的一瞬。

宋子文与他的时代（三种）

复旦—胡佛近代中国人物与档案文献研究系列

复旦大学出版社 2008 年 3 月初版

宋子文与战时中国（1937—1945） 吴景平 主编

二十世纪三十年代很长一段时间内，宋子文在国民党高层相对居于边缘状态。抗战爆发以后，他又逐渐成为一个肩负重任的角色，由于他在美英两国政界人脉深广，由于他在外交和财政金融方面独具才干，那个特殊年代给他提供了折冲樽俎的大舞台。

也许早年的故事仍需重述，曾被遮蔽的史实正在被廓清，收入本书的十七篇文稿不啻打开了一个个视线辽远的窗口。这些作者分别来自美国、韩

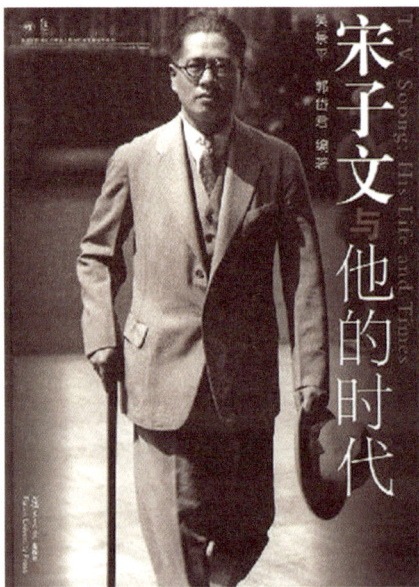

国、日本与中国大陆、香港和台湾三地。

宋子文驻美时期电报选（1940—1943）　　吴景平　郭岱君 编

太平洋战争之前，宋子文便以蒋介石代表的身份（后委以外交部长）长驻美国，以争取美国的财经和军事援助。这一期间，他与蒋介石的往来电报函稿无疑是研究战时外交的第一手资料，其字里行间透露着历史帷幕后边的纵横捭阖。

本书收入蒋介石致宋子文电文一百二十三封，宋子文致蒋介石电文二百九十五封，均选自美国史坦福大学胡佛研究院典藏之宋子文档案。全部电文皆附英译，并编具中英文索引。

宋子文与他的时代　　吴景平　郭岱君 编著

这是一册图文相映的宋子文传略，书中近三百幅图片资料弥足珍贵，多系传主后人提供。作者用简雅隽洁的文字叙述宋氏一生，列为"家世与家庭"、"求学生涯"、"从政与国务活动"、"社交游历"和"逝世"六辑，并以照片、信函、电报、文件、证照、委任状等历史图片还原当日真实场景。

逝者如水，迢然往矣，念念前尘影事，谟训之外洵属生命性情。

走出中世纪二集

朱维铮 著

复旦大学出版社 2008 年 5 月初版

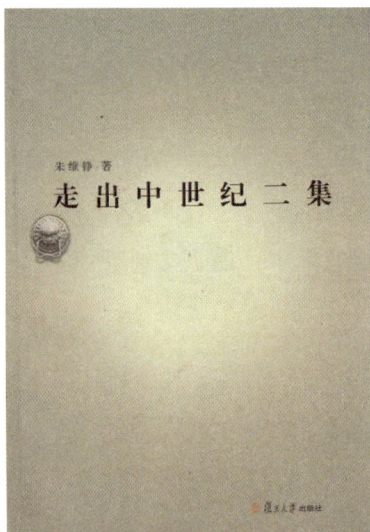

中国多难，近世尤甚。

从中世纪到近代的历史行程绝非顺理成章的过渡，鼎革之际不啻重新洗牌，杀戮更兼戮心，士大夫终于被赶入"死亡之门"。剩下来便是礼仪之争、夷夏之辨，从闭关锁国到被洋人炮舰轰开国门，直至革命与暴动相偕而生。晚明至清末三百年间充满诡谲之雾，历史的每一步都留下了让人揣度的空间，难怪今人多以戏说之言渲染当日宫闱政治的猥琐叙事。

朱维铮先生治史注重整体认知，一扫俗儒陋识。眼前这三百年是一个时空连续体，一系列历史个案隐伏着走出中世纪的艰难步履；他从歧异纷纭的陈述中考辨旧史居心可疑之处，从经济史的角度分析帝国政治结构、社会结构的停滞与变化，从清代学术复古思潮中反观王学与西学的微妙关系……二十年前，朱先生以史论集《走出中世纪》开启思维路径，庶几形成一种思想史框架。《二集》延续前书著述风格，进而考察晚清改革思潮，讨论从清代汉学到近年的"国学热"，以及基督教与近代中国文化之关系，等等。本集的治学视野显然更为辽阔，作者更关注历史在不同语境下被"改造"和被"误读"的有趣情形，书中对毛泽东的史识进行辨析与评骘的段落往往十分出彩。还有对章太炎、马一浮、钱穆等人学术思想抉隐发微的深入梳理，亦多有独到之见。

以史寓论，论从史出，审慎的考察自然引出深层次的问题，因而书中许多提示和质疑都极富思想的魅力——譬如，作为晚清"自改革"的君子梦，何以结局已在开端注定？所谓"落后就会挨打"的说法对吗，为什么"落后征服先进"往往是历史常态？还有，梁启超的"开明专制"论又是怎样成为权力专制的护符？……

一连串沉重的话题，一连串深具哲思的追索，带给读者的是读史的厚味与妙意。

东瀛经典（四种）

复旦大学出版社 2008 年出版

川端康成精品集　　叶渭渠　唐月梅 译

　　川端笔下充满对细节的怜爱，远去的姑娘始终没有回头，倚门相送的这位发梢上落了少许细雪。人世间的"风雅"与"物哀"都在这天地悠悠的一瞥。他记述小客栈的鼓声和琴声，雪夜中的落寞和孤独，还有街市的欢声笑语……千重子又回到那个梦里了吗？

　　本书收入《伊豆的舞女》、《雪国》、《千只鹤》、《古都》和《名人》五部中篇小说。

三岛由纪夫精品集　　唐月梅 译

　　这是三岛由纪夫的两部长篇小说代表作，《潮骚》和《春雪》。

　　前者是一曲爱情礼赞，后者是爱与死亡的叙事。海岬，篝

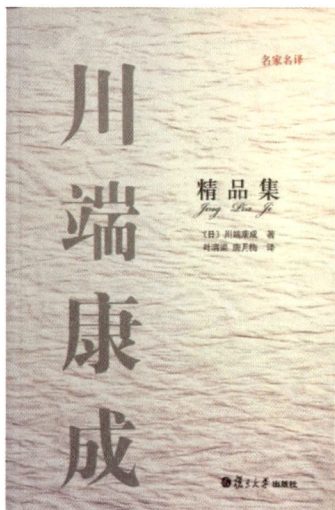

火，暴雨中的潮声，自然的美感催动着爱欲的纯化，古老的渔歌永远是生命咏叹。然而，当爱情走入贵族宅邸，一切都变得更富于戏剧化了，主人公在令人惴惴不安的气氛中挑战禁忌，在毁灭中抵达永恒……

大江健三郎精品集　　郑民钦　杨炳辰 译

《个人的体验》不啻是一座心灵的炼狱，作家以存在主义的思索与日本文学传统中的"幽玄"手法放大了个体的沉重。《万延元年的足球队》是一部鼓动"现代暴动"的故事，书中打破诸多时空界限，将骚动、通奸、乱伦和自杀的画面交织在一起，想象着如何走出那片象征恐怖和悬危的"森林"。这两部长篇小说无疑是大江最重要的作品。

美的情愫　　〔日〕东山魁夷 著　唐月梅 译

在茂密的枝丫上，在低矮的格子窗前，你都看见了极富乐感的线条与色彩，莫非也能捕获到自平安朝川流而来的绚丽和寂寥？正如川端康成所说，"东山表面沉静、细致，内心却蕴藏着热烈、忧郁"，他的散文和那些风景画一样有着古往今来的幽玄之妙。

本书精选《探索日本的美》、《与风景对话》、《我的窗》、《听泉》和《中国纪行》五辑。

奇迹之城

〔西班牙〕爱德华多·门多萨 著 顾文波 译

人民文学出版社 2008 年 6 月初版

这是一个世博会的故事,穿插着小人物奇幻般的发迹史。

十九世纪末,巴塞罗那还是一座古老破旧的小城,市民们嚼着蒜味面包,卑微地匍伏在贵族脚下。一日,小城成功地申办一八八八年世界博览会,于是无数骡马载着工程辎重络绎而至,热火朝天的景象给巴塞罗那人带来机遇和希冀,也给这座城市定下了野心勃勃的叙事法则。到一九二九年,巴塞罗那再度举办世博会时,四十一年前靠上次盛典起家的奥诺弗雷却上演了惊人的一幕……

当年,乡村少年奥诺弗雷怀着出人头地的梦想进城闯荡,那些寄身陋巷,箪食

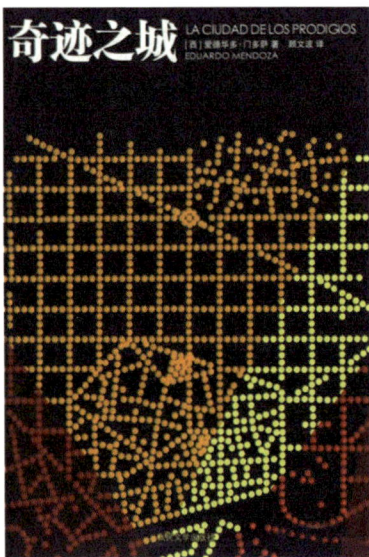

瓢饮的日子几乎就是一部励志传奇。他替无政府主义者到工地上散发传单，走街串巷去推销效能可疑的生发水……奇迹终于发生了，黑帮教父慧眼识金，小混混竟而成了大人物。巧取豪夺，杀人越货，黑道风云尽在掌中。日复一日，财富和罪恶随城市的版图一再扩张，他洗白了不义之财，成了富可敌国的地产商和钻石大王。诚如作者所言，"他并非英雄，恰恰相反，他是个无视道德、粗野残忍、肆无忌惮的家伙。"可是话又说回来，"英雄们都是这个样子，城市也是如此。"

在这个充满喧嚣与骚动的传奇故事里，圣徒、妓女、市长、侯爵、律师和地产商相偕登场，还有教皇和政客，高迪和毕加索……纷至沓来的各色人等与极尽奢华的世博之城互为镜像。这里有着《堂·吉诃德》式的流浪汉文学传统，却也羼入了质朴柔情的笔意。作者从历史的记忆中寻索想象之翼，用富于讽喻性的优美文字演绎一座城市的风俗史。不过，这并不妨碍 Lonely Planet 旅行手册向背包族游客郑重推荐——"此书乃行走巴塞罗那的重要参考书"。

鲁迅传

吴中杰 著

复旦大学出版社 2008 年 8 月初版

鲁迅大半辈子踯躅校门和衙门之间，他在教育部做了十四年公务员（其间还在各院校兼课），最后八九年是职业作家。这般人生历程说不上有多少传奇色彩，其精神阅历却十分丰富。辛亥革命，二次革命，袁世凯称帝和张勋复辟，一幕幕风云激荡的活剧给他带来深邃的怀疑精神；他经历过"五四"退潮后的彷徨时刻，在女师大风潮和三一八惨案中直面惨淡的人生，而后四一五大屠杀中又看见许多血和许多泪；从"正人君子"到"第三种人"，从文坛围剿到口号论争，鲁迅直至生命最后一刻都须辨识来自各方的明枪暗箭……

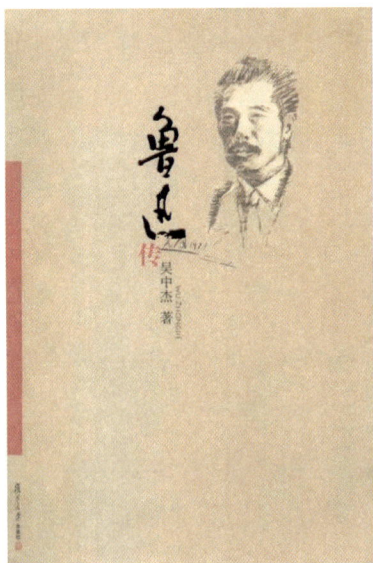

存在大于本体，生命的形迹终究归于精神世界。这样的人物传记最不好写。可是为鲁迅立传始终是许多学者的心愿，描述鲁迅"做精神界之战士"的心路历程本身就是一种精神诱惑，更是一番自我的心灵探寻。所以，从二十世纪四十年代初开始，不同的历史语境下都有鲁迅的传记作品问世。在众多传述者中，最新出版的吴中杰教授的《鲁迅传》可谓引人瞩目的扛鼎之作，它全面吸取这三十年来鲁迅研究和民国史研究的丰厚成果，在风雨如磐的宏大背景中展示一个热切而孤独的伟大性格。这部近五十万字的鲁迅传记完整地记述传主的生平和创作道路，其资料翔实，视野开阔，笔致生动，并涉及许多笔墨公案背后鲜为人知的隐秘事况。

本书解读鲁迅的人格和文化品格尤为用力，几乎每一章都借由不同角度揭示鲁迅自觉的非主流意识——在他与各种恶势力的缠斗中，在人情世态的升沉变幻中，在与周扬、夏衍、冯雪峰等共产党人的合作与分歧中，笔墨淋漓地写出了先驱者的独立精神和自由思想。

星尘

〔英〕尼尔·盖曼 著   龚容 李琳 译

人民文学出版社 2008 年 8 月初版

很久很久以前，英格兰有一个宁静的小村庄，村庄被鹅卵石城墙所包围，称之"石墙村"。虽然只是薄薄一面城墙，却世世代代地保护着这里的村民，因为一墙之隔的外部世界，是充满奇迹和意外的异境。

特里斯坦·桑恩是一个再普通不过的年轻人，他爱上了村里最美丽的姑娘维多利亚，并许下诺言，要带回天上落下的星星来献给维多利亚。为了心中至爱，特里斯坦冒险穿越那道象征着禁忌的石墙，进入另一个世界——那里有风起云涌的风暴堡，有神秘邪恶的女巫，还有各种古怪滑稽的魔法。

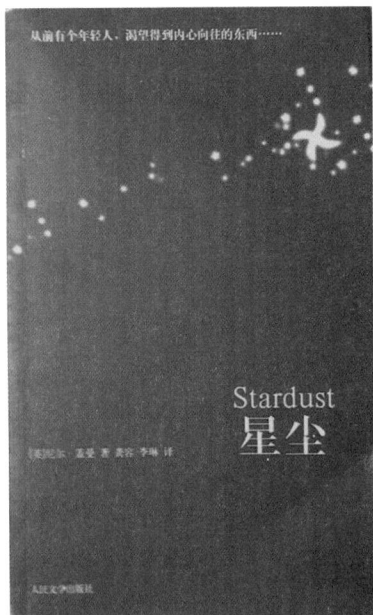

当特里斯坦最终到达流星降落之地，他看到的竟然不是预期中的陨石，而是一个美丽、勇敢的女人……在猝然坠落地球之时，"星星"不慎崴了脚，然而这只是一切不幸的开端，从她双脚落地开始，各种意料不到的危险已悄然降临……

《星尘》远不止是一个童话，它有幸福的结局，却依然透出人类永恒的悲伤。

本书作者尼尔·盖曼（Neil Gaiman），被誉为"十大后现代作家"之一，曾获得多种幻想类和恐怖类小说国际大奖。他还是好莱坞的宠儿，根据其作品改编的《镜面具》、《贝奥武甫》、《星尘》等影片皆反响不俗。

书林清话（插图本）

〔清〕叶德辉 撰　李庆西 标校

复旦大学出版社 2008 年 10 月初版

古代图书何以称册、称卷、称本、称叶（葉）、称部、称函？雕板印刷究竟始于何时，活字板和颜色套印书又始于何人？旧时藏书家怎样撰著版本目录，各家读书记和题跋有何专诣，印记之语又有何妙趣？中国的古书浩如烟海，古籍里边的门道也实在太多，这些东西久而久之成了一门有趣的学问。

近人叶德辉所撰《书林清话》就是关于这些学问的入门书。此书往浅里说是古籍知识撮要，往深里说乃版本目录之学。深入浅出是这部书的特点，其中每一则都是一段历史的言述，叙说书与人的前尘梦影。书中采撷广博，凡涉镂板、印刷、装帧、传录、收藏、题跋、校雠等史案

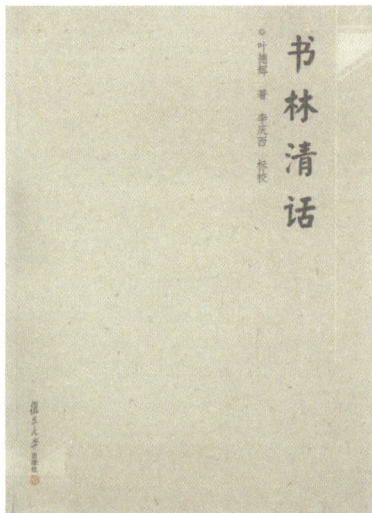

62

掌故，皆有考述，故为藏书家和版本、目录学者所重视。由于采用笔记体裁，行文自在，叙述简明，过去亦为一般读者所喜爱。

作者叶德辉（1864—1927），晚清进士出身，但做官时间不长，其一生从事经学、小学研究，兼及藏书、刻书、校书诸事，颇负淹雅之名。他是一个以维护旧道统为己任的读书人，政治上或有可议之处，而若论及学问，尤其在近代藏书家里边，实可谓顶尖人物。叶氏终身潜行书林，有此一段文字，自乃耳目之所接，阅历之所得。

本书为简体横排本，配以稀见古籍书影；除增附《书林清话》续编《书林馀话》之外，另辑入《藏书十约》一种。

你好，忧愁

〔法〕弗朗索瓦丝·萨冈 著　余中先 等 译

人民文学出版社出版 2008 年 11 月初版

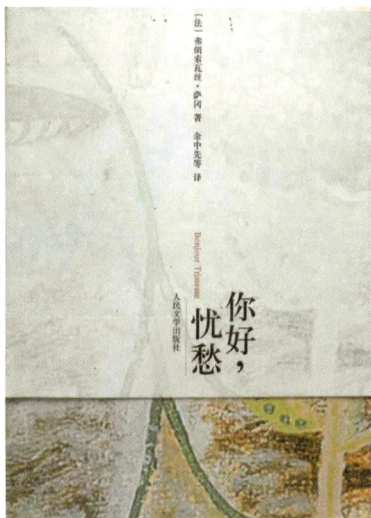

该发生的事情终于发生了，出了圣米歇尔大街那家咖啡馆，萨冈走进自己的故事。她知道少女塞茜尔不能容忍安娜进入自己的家庭，而"毁了自己的生活"，于是她设了个局，阻止鳏居多年的老爸娶回那个来给自己做规矩的老淑女。她成功了，带着叛逆的幻想，居然成就了一个关于青春、迷惘、才能和孤独、忧愁和某种微笑的传奇……

萨冈的人物踯躅在男男女女的情感纠葛中，就像从一条小路拐上另一条小路，总有你想不到的意外转身。面对吕克诱人的玩笑，学生妹多米妮克有些晕眩，她吃不准男人也吃不透自己。韶华已逝的宝珥揽镜自顾，打起精神寻找邂逅之后的梦境，一番移情别恋的波折竟也令人潸然。她在想什么呢，犹疑的背后不啻是一个存在主义命题，其实喜不喜欢的事情没有游戏规则——回头瞧瞧，西蒙伫立不动，还在那儿凝望着她。

　　萨冈的文笔实在是好，难得将心情的事儿料理得如此妥帖。本书是萨冈的核心文集，辑入《你好，忧愁》、《某种微笑》、《一月后，一年后》、《你喜欢勃拉姆斯吗……》和《狂乱》等五部小说代表作。

谢晋画传

上海谢晋影视科技有限公司　上海大学谢晋电影博物馆 主编

复旦大学出版社 2008 年 11 月初版

　　作为名声卓著的电影导演，谢晋的人生或许有着耐人寻味的曲折历程，有人说他是"戴着镣铐跳舞"，他自己说"我每一次创作都是生命燃烧"。他的电影创作一方面以知识精英的人道立场诠释中国革命的风雨历程，一方面用悲喜交加的镜头寻找民间情愫与国家意识形态的契合点。从二十世纪五六十年代蓬勃向上的《女篮五号》、《红色娘子军》，到"文革"时期以阶级斗争为纲的《春苗》、《海港》，再到粉碎"四人帮"后沉痛反思的《天云山传奇》、《牧马人》、《芙蓉镇》等影片，谢导的脚步每一次都踩准了点子，鞍前马后地跟上了中南海的战略部署。他创造了官民同娱、雅

俗共赏的奇迹，其不少影片都创下国内影院同期最高上座率。当商品经济大潮来临之际，他以充满感伤情调的《最后的贵族》给观众带来小布尔乔亚式的心灵抚慰；在香港回归祖国的历史时刻又是一个华丽转身，推出《鸦片战争》的宏大叙事……

斯人已去，音容犹存。人们在纪念他的同时，不妨由艺术家的心路历程走入大变动时期的话语之径，在命运此岸或将永远是一个彷徨与求索的故事。这部大型画传真实、完整地纪录了谢导的生平和艺术生涯，也展示了各个历史时期的人间影像——其中包括传主大量生活照和拍摄影片时的工作照，许多珍贵图片是第一次公诸于众。

《圣经》的文化解读

陆 扬 潘朝伟 著

复旦大学出版社 2008 年 11 月初版

作为西方文化的原初经典之一，《圣经》充满了苦难和悲情意识，也深刻地表达了人的精神追索。尘土何以仍要归于尘土，基督却能死而复活？如果从文本存在的意义探析其宗教奥义和费解之处，扑朔迷离的话语之中自将衍生许多有趣的话题。毫无疑问，在当今这个文化多元共生的世界里，中国读者需要对它有更多的了解和认识。

本书是一部据于文化视域的解经之作，分析《圣经》的神话内涵和历史观念，讲述其中的民俗和宗教礼仪，同时也大量涉及叙述中的隐喻关系及其美学思想。譬如，智慧是上帝的造物，还是上

帝自己的属性？以色列人为什么出埃及？在上帝无所不在的公正下，如何理解无辜者蒙难？巴别塔的倒塌意味着什么？乱伦禁忌又是怎样成为文明的先声？如此等等，对于这样一些涉及到文化根本的问题，书中都有简洁明晰的梳理，或扼述故事来龙去脉引申出答案，或以现代学术眼光加以审视。对于《旧约》和《新约》之间的神秘契合，书中也作了深入探究。

黑暗之塔

（《黑暗塔》Ⅶ，终结篇）

〔美〕斯蒂芬·金 著　于是 译

人民文学出版社 2009 年 2 月初版

作为斯蒂芬·金的抗鼎之作，《黑暗塔》创建了前所未有的宇宙观，灵感取自托尔金的《魔戒》、亚瑟王传奇、《爱丽丝漫游仙境》，兼有狄更斯式的奇遇情境、托尔斯泰式的长篇告白，以及《尤利西斯》式的意识流。并以罗伯特·布朗宁的古典长诗《去黑暗塔的罗兰来了》作为主线脉络和精神基调。

在终结篇的第七卷中，敌对势力的新主角出现：米阿产下莫俊德，他既是血王的独子，又是与罗兰有着千丝万缕关

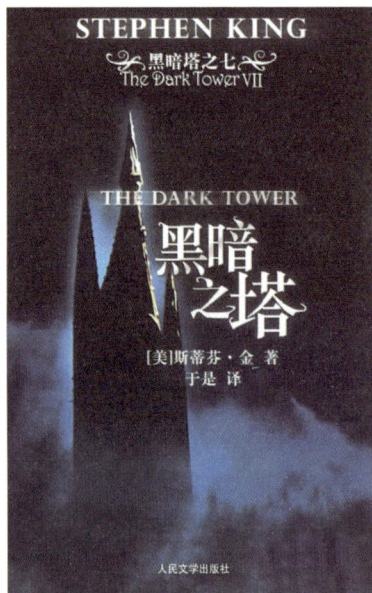

系的人形大蜘蛛，一出世便吸干了生母，并亦步亦趋紧随卡－泰特，此际悬念迭起，令人无法喘息。黑暗塔已近在咫尺，但罗兰知道它已岌岌可危。拥有超自然力的断破者意欲毁灭光束，拯救世界的每一场战役都意味着生死离别，卡－泰特渐渐瓦解，枪侠伤痛万分地送走了灵伴⋯⋯

在末世界的尽头，遍地红玫瑰之间，魂牵梦萦的黑塔就屹立在眼前！但血王镇守在上面，罗兰能打败这个地狱的化身吗？遥望黑塔顶端，他寻觅一生的那扇门后又会是什么？⋯⋯恢宏巨作终将落幕，正义与邪恶短兵相接，爱与憾交织难解，全世界千万"塔迷"为之感伤又感动、心跳又惊悚。

失物之书

〔爱尔兰〕约翰·康诺利 著　安之 译

人民文学出版社 2009 年 4 月初版

一个逃离与寻索的故事，讲述迷失与救赎的真义。母亲去世后，男孩戴维不满于父亲与罗斯组成的家庭，更嫉妒小弟弟乔治来分享他的父爱。在"扭曲人"的诱使下，他进入了黑暗奇异的另一世界，于是开始了一段令人惊悚的亡命奔逐……

现实世界正处二战的磨难之中，纳粹德国飞机不断来轰炸伦敦，而戴维的虚妄世界同样充满杀戮的腥风血雨。这里有凶狠的狼人，有可怕的哈比女妖和恶搞侏儒，还有肢解人体和各种动物躯体进行组装试验的变态女猎人，还有更可怕的女巫与巨

兽……戴维克服着不期而至的恐惧，在守林人和罗兰的帮助下，闯过一道道难关，去寻找传说中能够指引他返回自己那个世界的《失物之书》。原来，那是很久以前也像戴维一样迷失的乔纳森的一本日记。作为罗斯的先人，乔纳森在孩童时期也因家庭变故被充满嫉恨的梦魔所控制。原来，处处作祟的"扭曲人"正是心理扭曲的产物。

乔纳森跟"扭曲人"作了交易，成了城堡里的国王，现在戴维闯入了这个扭曲的梦魔国度。面对死境的绝望，这勇敢的男孩坚守自己的道德良知。当觊觎王座的勒洛伊杀死国王的时候，这狼群首领和"扭曲人"也一同殒命——这是一个噩梦的终结。

一切失去的都又找回来了，一切苦难和成功都难以抵消生命的魔法。

权力玩家

中国历史上的大阴谋

骆玉明 著

复旦大学出版社 2009 年 3 月初版

这本书写得很有意思，书里用十一个故事讲述了中国历史上权力顶端的阴谋游戏，绝对让人看了心跳。那些翻云覆雨的"玩家"有吕不韦、赵高、刘邦、王莽、司马懿、贾南风、李世民、武则天、赵匡胤、胤禛（雍正）、杨秀清等人，哪一个都是大名鼎鼎，哪一个都或多或少影响了历史的进程。

在专制制度的神秘政治运作中，权力总是与阴谋共生。从"狡兔死走狗烹"，到"杯酒释兵权"；从司马懿杀大将军曹爽，到李世民策动玄武门之

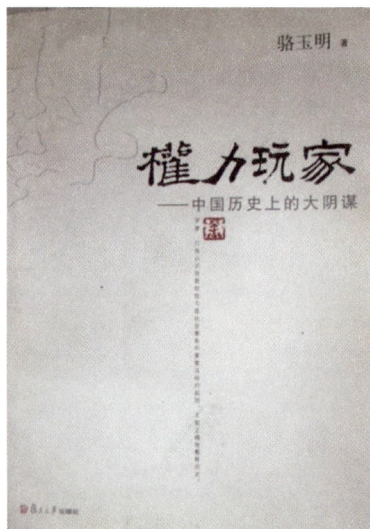

变……一切突发性事变背后都有着运筹帷幄的算计。在接近权力巅峰之前，真正的"玩家"自有非凡的隐忍功夫，当邯郸商贾吕不韦将宠姬送给公子异人的时候，早把自己后半生的命运都押上了。

　　无论成功者还是失败者，在这场角逐中都须彻底将人性屏蔽——这里没有江湖的情感与道义，只是独夫的光荣与梦想——权力的登顶之途取决于智慧、意志与丛林法则的完美结合。所以，摊牌之际便是腥风血雨的杀戮。君臣相斫，夫妇相夺，兄弟阋墙，父子反目，总以你死我活的方式演绎着变革的真谛。所以，权谋家的游戏未必会有真正的赢家。成功与失败互相催生，失败乃成功之母，成功也埋下了失败的祸根。作者以深刻的史识和风趣的笔墨描述两千年间的烛光斧影，在充满戏剧性和紧张感的历史叙事中，给人留下思想的蕴藉。

墨水心

(《墨水世界》第一部)

〔德〕柯奈莉亚·芳珂 著　刘兴华 译

人民文学出版社 2009 年 7 月初版

一切都始于那个细雨菲菲的夜晚，名叫"脏手指"的不速之客带来一个坏消息……故事开场就进入了危机状态，随后恐惧与阴谋陷阱接踵而至。绰号"魔法舌头"的书籍装帧师为保护自己手里的神秘孤本，带着自己的女儿美琪远走他乡。偏偏是这个十二岁的小姑娘成了故事的主角，偏偏是她搅进了《墨水心》的隐秘故事。这是一个故事里边套着故事的故事，人物与文本的关系错综复杂，故事与魔法的界限模糊不清。在"魔法舌头"的朗读中，噩梦终于来临，突然间那些家伙

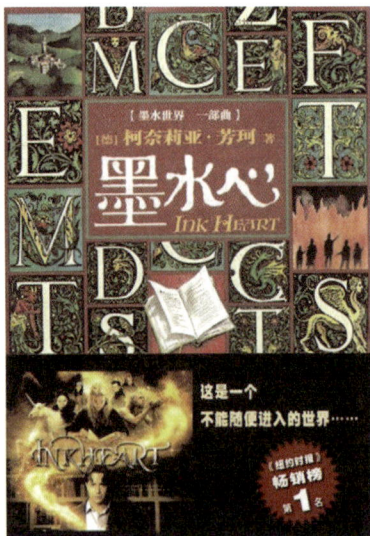

全都出现了——故事里的人物一个个从书页里滑落下来……

毫无疑问，这是一本有关"书"的绝妙小说，讲述有关阅读的神奇，有关故事在我们生活中的重要性。书中往往出人意料地呈现各种奇幻场景，一个个令人难忘的角色带来了许多令人莫衷一是的谜团：善于耍弄火舌的"脏手指"和那只带角的貂为何始终形影不离？面无表情的山羊如此嗜杀难道是因为他的母亲喜鹊？"魔法舌头"多年来终于有了头一次朗读，这真的能唤出《金银岛》和《天方夜谭》里的人物吗？

如果没有那些琅琅书声，没有附声而来的奇思妙想，没有精灵和山妖，这个世界真的就很乏味。

1950 年代中苏军事关系见证

王亚志 回忆　　沈志华 李丹慧 整理

复旦大学出版社 2009 年 7 月初版

　　二十世纪六十年代初，中苏关系破裂匆匆结束了两个社会主义大国的蜜月期。此后经历了反帝反修闭关锁国的风霜岁月，记忆似乎完全被口号和激情湮埋了。然而，时隔半个世纪之后，一位当事人和两位历史学者共同揭示了那些尘封已久的历史秘辛。

　　作为彭德怀的军事参谋，王亚志曾见证中苏关系最隐秘的事况。他在回忆中谈到了二十世纪五十年代中苏两国军事关系的方方面面，许多事情要比人们想象中更为玄妙与复杂。早在中国解放战争和抗美援朝时期，双方就过许多秘而不宣的军事合作，譬如很少有人知道中共军队正是借助斯大林提供的运输机得以迅速进入新疆。当年武器装备是中方的燃眉之急，从提供军火到援建军事工程，老大哥着实帮了兄弟一把。看上去全面学习苏军建设经验已是顺理成章之事，可是从人才培训到技术援助，从战略战术思想到部队制度条令，双方一系列磨合中产生了日益增多的麻烦……一厢惦着推进"全盘苏化"，一厢考虑如何"以我为主"。随着中苏两党意识形态分歧加深，暗中的龃龉终而成了公然翻脸。

本书采用了相当独特的叙述手法，既有亲历历史的现场感，又处处渗入了史家的鉴识，据说这是一种叫作"批判口述史学"的新方法，感觉挺"炫"的。

东瀛悲歌

和歌中的菊与刀

早早 著

复旦大学出版社 2009 年 8 月初版

吟咏和歌，遥想人事。平安朝廊檐下月落参横，皇庭与幕府的格杀已摆开阵势，一怀愁绪的梦里却是桑间濮上的相约……歌人的故事里叙说一个国家的历史风俗。作者则以如许清丽的文字呈映人世悲欢的镜像。这是一部以诗叙古的读史散文，也是以诗证诗的学术随笔。

以诗证史，以诗讲古的必读佳作

玩味和歌中的儿女情长，杜怀激烈，幽怨无奈
品读最凄美，最惑伤，最悲怆的古典日本故事

和歌是日本特有的传统诗歌体裁，译成中文差似五七言古诗，亦如长短参差的词曲甚或毫无定势的白话新诗——游动的字里行间仿佛也有痴迷的魂灵，或孤吟独白，或众声喧哗，无不寄托

着古代日本人的悲凉和欢喜。熟读唐诗宋词的中国读者大抵略有似曾相识之感，然而这里却不难体会他者的情感与韵致。

也许，唯独这个菊花与刀的国度才有武家政治的风雅叙事。"君知否，帝都一片荒凉野"，夕阳残照的瓦砾场上只恁诗兴狂发，孤独的武士不再歌吟江山美人，生命既已放逐便如飘逝的樱花。当然，不只是肝肠寸断的歌声，这里还有僧人和阴阳师的玄意妙理，闺中的期盼与怨怼，江户町人风月无边的浪漫狂放……

飙车

〔法〕勒克莱齐奥 著　金龙格 译

人民文学出版社 2009 年 10 月初版

勒克莱齐奥的小说有寓言和写实两类手法，寓言的套路很炫，写实的笔法很踮。本书是他写实风格的短篇小说代表作，收入十一篇作品。主人公不是一些离家出走的少男少女，就是那种游离于文明社会的边缘人物。

法国文学中没有"江湖"与"山寨"叙事，却不乏冲破社会壁垒、寻求自由空间的叛逆传统。譬如……譬如，在勒克莱齐奥这儿便是一幕幕"逃离"的活剧。小说中几乎每一个人物都在逃：逃学，逃避熟人，逃离警察追捕……他们与社会、家庭都格格不入，在喧嚣的城市中他们竟是如此孤独。

世界的一切怎能如此静

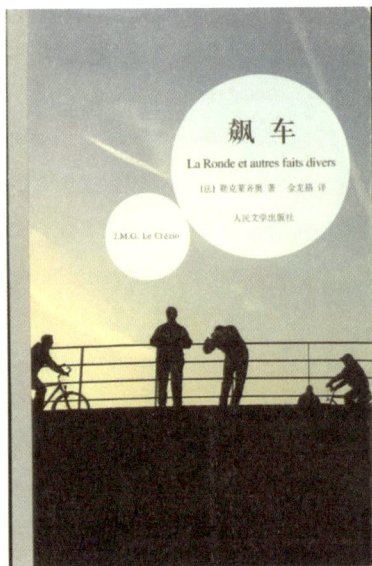

谧，如此遥远？世界上有另一个世界吗？也许马尔迪娜和克里斯蒂娜们的自我放逐不会找到真正的归属，而书中的"我"和"他"不知是否还将遭逢更残酷的事情——阴差阳错的故事总是伴随着出其不意的险境。每一种另类人生的背后都有着辛酸的心迹，那些行色匆匆的过客只是留下倏忽而去的背影，那些消失的面容或许正触动你心中的某个痛楚。不用悲天悯人，勒克莱齐奥恰恰是用这种方式讲述个体的尊严。

数学恩仇录

数学家的十大论战

〔美〕哈尔·赫尔曼 著　范伟 译

复旦大学出版社 2009 年 4 月初版

德国哈勒大学校园里，竖着数学家、集合论创始人康托尔的纪念碑，碑上镌有一行德文字："数学的精髓在于它的自由。"可是这句话怎么看也像是一种反讽。康托尔并没有一个自由驰骋的人生，他始终处于另一位数学巨擘克罗内克的打压之下——从最初发表集合论的论文时不得不将其隐藏在别的论题之中，到被称为"数学骗子"，直到最后进了疯人院……

数学家的人生千姿百态，亦且千奇百怪。别以为这门抽象、艰涩的学问绑定了一种枯燥乏味的书斋生涯，其

实智者的人生往往有着无穷变数。本书讲述的那些扑朔迷离的故事听上去多半有些匪夷所思，有些简直就像是混合着古希腊悲剧和现代间谍小说的悬疑之作。

笛卡尔与费马关于解析几何的争辩，牛顿与莱布尼茨在微积分大战中的种种猫腻，庞加莱与罗素关于数理逻辑的唇枪舌剑……还有，形式主义与直觉主义那场"青蛙与老鼠的战争"，绝对主义者与易误论者的是是非非，都是数学史上的大事件，也都是悬念迭起、输赢难辨的博弈。数学以优雅而神秘的符号指示着人类走出思维的迷踪，可是那背后却有着太多的辛酸与痛楚。譬如，瑞士的伯努利家族，三代人出了八位顶级数学家，孰知他们一直在上演兄弟阋墙、父子反目的闹剧……

杜马岛

〔美〕斯蒂芬·金 著　于是 译

人民文学出版社 2009 年 11 月初版

　　创造力与心灵、肉体的关系到底有多深刻，有多微妙？创作能否重塑世界？重塑世界是冒险吗？不管是追溯还是重塑，有爱的世界就值得誓死维护。斯蒂芬·金用创作本身，再次验证了自己三十年的写作精神。

　　老金的新作《杜马岛》将至今为止人类所有的惊悚来源融于一体，秉承美式恐怖艺术的写实风格，讲述百万富翁埃德加·弗里曼特车祸后的际遇：妻子要求离异，人生跌入底谷，出于对女儿的爱，他抵制住自杀的念头，孤身搬到佛罗里达海岛，手执画笔，重塑肉身和心灵生活。他的创作惊人而神秘，诡异得恰如达利的画作。此

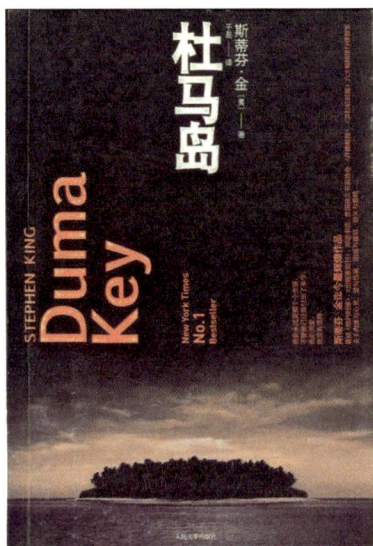

际，他与岛上大屋里"教父的女儿"和其照料者怀尔曼相识，渐渐发现，三个脑部都曾遭受重创的失意人聚集此地，其实是受到杜马岛的感召……

埃德加的康复是作者本人车祸幸存后的写照，埃德加和怀尔曼的生死情谊是其许多作品中复现的人性主题之一，而本书中令人唏嘘的父女情深更让人难以忘怀。作者以自身的沧桑阅历，正视人性深处最矛盾的渴求，用流畅的文字超越通俗文学和纯文学的鸿沟，将不可承受的人生悲哀、难以圆满的身心希望编织在感人肺腑的故事中。这本"慢热"的书把一切细节都描写得丝丝入扣，情节复杂紧凑，却不失其独具匠心的情境铺垫，给读者以充沛的视觉想象，甚至听觉刺激。

政治世界的思想者

张汝伦 著

复旦大学出版社 2009 年 11 月初版

政治世界通常是权力与利益关系的游戏，不乏花样翻新的坑蒙拐骗，布满了用口号与教条掩盖的陷阱。可是，谁能说公平、正义不是一种政治诉求，这个世界里从来就闪耀着理想和批判的光辉。在哲学、历史与文化的大视野中，政治的真义要远远超出"权力运作"和"制度安排"之类，本书的着眼点即在于此——面对邈远而宏大的时空对象，寻绎政道与人道之价值关系。

收入本书的二十七篇论文，着重梳理若干古代哲人和现代思想者的政治学说：从古代中国的王霸之道到后现代的利益博弈，从黑格尔到海德格尔、阿伦特，从卡

尔·施密特到哈贝马斯……并广泛触及民族主义、恐怖主义、公民社会、全球化和文化认同等一系列深具现实感的理论问题。这些文章擅从中国语境出发，对某些困扰已久的相对性取向进行深入探讨，譬如理性主义与经验主义、自由主义与保守主义，等等。本书作者是《欧克肖特文集》的译介者，在有关欧氏的几篇文章里尤其关注那种独特的眼界与现代中国的相关性，一再联系中国知识者的心路历程，从历史经验暗示中展望制度创新的空间。

本书具有明晰、澄澈的写作风格。文字严谨而才情茂发，论述透辟且从容有致，与通常所见学院派著作大相径庭。

卷中 书偈二

读史的智慧

姚大力 著

复旦大学出版社 2010 年 1 月初版

作为一位深具造诣的历史学者，本书作者在治学之余也有挥洒文字的愉悦，每以深入浅出的叙述和论说让一般非专业读者感受读史的智慧与才情。收入本书的文章体式不一，有讲坛文稿、学术随笔、书籍序跋和书评，也有专题讨论和人物回忆等等，这些形式各异的笔墨都向读者呈示着时光的意蕴，从不同角度表达了史学家的人文关照。

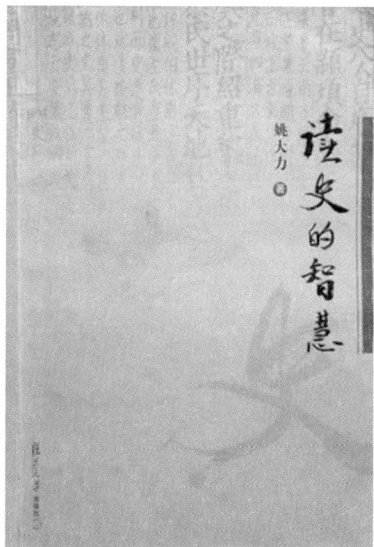

本书谈古论今，妙谛多半在于回答隐含在叙事背后的问题。譬如，说到《史记》，其"直笔"与"述故事"是什么关系？既然司马迁广泛采摭故事轶闻，这种写法何以又被视为信史？这就要回到传说和历史书写过程去释疑解惑。譬如，读到一本人类学视角的蒙古史，作者择着琐屑的细节去触摸历史肌理，一边提醒读者注意一种宏观的认识——成吉思汗的蒙古帝国怎样促成了旧大陆的东西交通。譬如，讨论张承志《心灵史》的叙史意识，通过分析书中对哲合忍耶教派反抗运动的史实处理，一方面对小说家的心灵体验有着深入理解，同时也指出以想象去超越实证史学局限性的困难……

如同所有出自高手的普及性读物，本书的文字非常出色。作者在书中提到，当今中国不乏貌似高深的大部头学术著作，唯缺"企鹅丛书"、或"岩波新书"、"中公书库"一类具有极高专业水准的普及本读物。其实，这就是一本符合那种标准的好书。

失落的秘符

〔美〕丹·布朗 著 朱振武 文敏 于是 译

人民文学出版社 2010 年 1 月初版

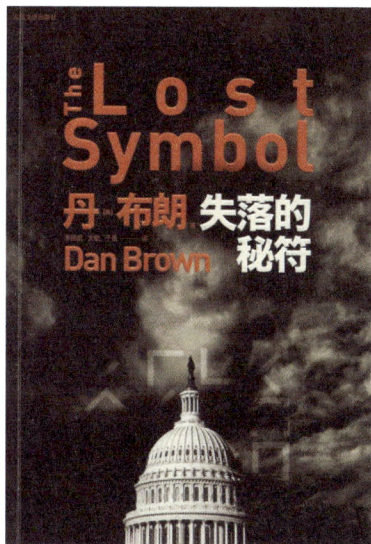

华盛顿，一个充满悬疑的夜晚。

多重符码的加密系统，三方博弈之互动模式。

从兰登教授踏入国会大厦雕塑厅那一刻起，历史的秘符就启动了杀机四伏的游戏通关，伴随着一路追踪与逃亡。惊心动魄的故事背后敷设着许多玄秘之门，符号学专家从头梳理路径，迈拉克在暗中觊觎金字塔的秘密。

在这个通向古代奥义的漫漫长夜，邪恶的智谋尽管占据先机，但共济会的先人却早已料定人类智慧的走向——所有的符号、铭文、表记和数字都指向那个失落的真言，处处激发着世人对真谛的痴迷狂想。

当 CIA 的佐藤部长带领一彪人马匆匆赶来，隐蔽世界已是凶兆迭现，国家机器开始疯狂地吞噬一切能量。然而，国家并非仅如机器。国家首先是一种意念，出自圣哲的秘密建构。在丹·布朗妙笔生花的描述中，共济会这个秘密社团再度大放异彩。可谓江湖有道，人类有幸。正是有赖所罗门、巴拉米和盖洛韦主教等共济会大佬的信仰与坚守，亦仰仗兰登和凯瑟琳这些知识精英的矻矻追求，才有尘世的文明与进步。作者用超人成圣成神的传说召唤失落的价值观，似乎任何圣贤故事只要沾上秘符与神迹永远有着忽悠世人的无穷魅力。所以，这里不但叙说共济会诸贤的替天行道，甚至也有恶魔的自我献祭……

裸猿三部曲（全译本）

〔英〕德斯蒙德·莫利斯 著　何道宽 译

复旦大学出版社 2010 年 3 月出版

裸　猿

本书从比较动物学和生物人类学的角度研究原始先民和部落人的行为模式，涉及人类进化、性行为、育儿、探索、领地、进食、安抚以及人与动物比较等诸多主题。通过对人的根深蒂固的生物学特性条分缕析，作者生动地揭示了进化的踪迹和规律：现代人的行为模式如何与远古的祖先息息相关，怎样从"树栖猿——地栖猿——狩猎猿"的进化过程去细细辨析那些年湮代远的蛛丝马迹……

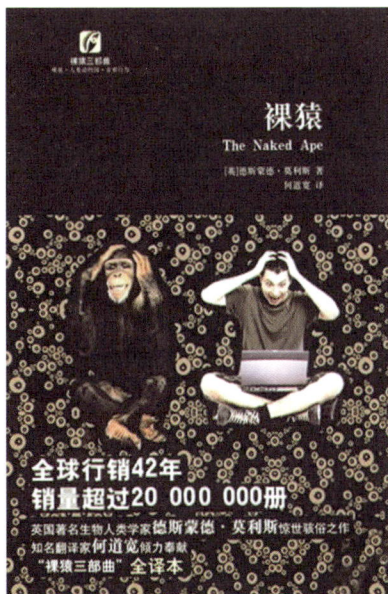

人类动物园

人类被囚禁于都市这样的超级部落，会产生怎样的后果？本书考察人类的攻击行为、性行为和群体生存的刺激因素，描述在都市生活重压下人类行为的种种表现。近代以后，人类社群不再是关系简单的小型部落，由于人口膨胀，过度拥挤的生存空间与人的生物学特性造成严重相悖的局面，以致不得不面对前所未有的严峻考验。作为超级动物园里的现代都市人，如何走出这样的困境，无疑需要新的创造。

亲密行为

在日常生活中，现代人强烈的性本能和爱本能通常会作出什么样的反应？本书专讲现代人的亲密行为，包括自我亲密、两性亲密和社会亲密。以作者动物学家和人类生物学家的身份，自然不会满足于各种亲密行为模式的简单描述，这里依然从生物学上溯本求源：从亲密行为的进化源头上去发现依恋的纽带——包括身体接触、语言和感官交流，并进而阐述了由亲密行为缺失而产生的替代机制和补偿机制。

龙文身的女孩

〔瑞典〕斯蒂格·拉森 著　颜湘如 译

人民文学出版社 2010 年 4 月出版

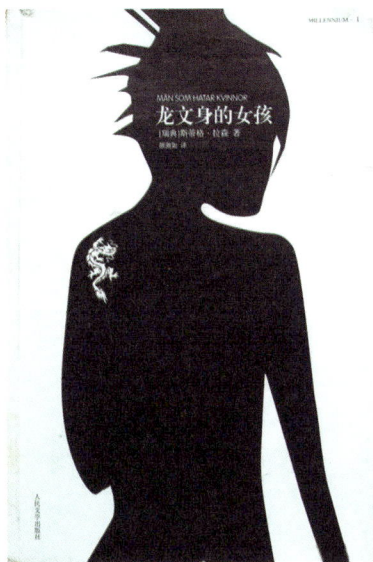

三十六年前的悲伤，一直压在亨利·范耶尔心头。他的侄孙女海莉，一个十六岁少女，那年在波的尼亚湾的小岛上失踪了。失踪还是遇害后被人焚尸灭迹，没人知道，从那时起范耶尔家族蒙上了可怕的阴影。风烛残年的亨利曾是家族企业掌门人，直觉告诉他海莉的失踪跟自己家族有关，故而不惜家丑外扬，雇用记者布隆维斯特去调查沉寂多年的疑案。

调查不啻是在历史谜团中玩拼图游戏，布隆维斯特从时光回溯中一点点辨认罪孽的脚印。萨兰德的出现打破了迷雾重重的局面，他们开始逐渐接近事情的真相。这瘦弱的龙文身女孩本身就是一个谜，看上去像是问题少年，其实却是一个天才的私人调查员。借助她的机智和她身边那个顶尖的黑客圈子，他们终于发现了隐藏在一个显赫家族背后令人毛骨悚然的秘密……

历史的印迹终于引向地狱之门，罪恶来自人性深处的兽性本源，范耶尔家族某些成员的暴虐和变态足以追溯到早年的纳粹主义。然而，是否应向公众披露那宗家族丑闻，布隆维斯特犹豫了。由于范耶尔企业生死存亡关系到数万员工的就业问题，对调查结果感到意外和震惊的亨利也缩回去了。如何从道德上权衡利弊？这里，普通人的道德感与记者的职业道德完全不是一码事。至于如何看待以非法的黑客手段去伸张正义，又是一个嵌入叙述文本的话题，萨兰德的快意恩仇撕破了法网，也给读者留下了思索的空间。

白老虎

〔印度〕阿拉文德·阿迪加 著　路旦俊　仲文明 译

人民文学出版社 2010 年 4 月初版

外号叫"白老虎"的巴尔拉姆原是企业家阿肖克的司机，三年前在新德里杀了自己的老板，携款逃亡班加罗尔开了一家出租汽车公司。仆人翻身当了主人，很有一番成功人士的自鸣得意（他下一个目标就是房地产了）。听说中国总理温家宝要来印度访问，他在一周内不断地给总理阁下写信，讲述自己怎样从一个自幼辍学的打工仔成为企业家的人生经历——起初是玩弄狡黠的小伎俩，接下去是坑蒙拐骗乃至杀人越货。

主人公以自己的话语方式阐释一种如何出人头地的"创业精神"。在他看来，"百分之九十九点九的印度人都被困在鸡笼里"，以奴性十足的"忠诚"维系着社会发展。然而，他不同于别人，他这个"乡下老鼠"已是醒来的"老虎"，必然要挣脱宿命的牢笼。其实，巴尔拉姆奉行的是一种变异的丛林法则：在这弱肉强食的世界里，弱者若要改变自己的命运，只能是泯灭人性把自己变成一头猛兽。这是一种让人不寒而栗的抉择，在这里，强／弱，主／仆，兽性／奴性，虔诚／狡诈……一切都可能发生转换。

这部书信体小说叙述了一个令人恐惧的主题，但另一方面却充满了诙谐与自嘲的笔调，从头至尾读来相当轻松。用巴尔拉姆自己的话来说，他的讲述不妨称之《一个印度半吊子的自传》。既然整个社会都是"半生不熟"状态，悖谬的笑料俯拾皆是。主人公饶舌的叙说恰与内在的严肃话语形成巨大张力，其间无疑深埋着一种忧思——对印度人国民性的反思，也包含现世的价值批判。

拿破仑的金字塔

〔美〕威廉·迪特里希 著　吴晓妹　罗天妮 译

上海文艺出版社 2010 年 5 月初版

　　这是一个关于金字塔谜团的故事，糅合了政治史与军事史、共济会和神秘主义的古老传说。本书的探险色彩很容易让人想到《国家宝藏》、《夺宝奇兵》一类好莱坞大片，其实这里更有一种充满知性的游戏元素，无论斐波那契数列呈示的鹦鹉螺图案，还是帕斯卡三角形所演绎的数字悬疑，都指向了那个历史的隐秘之门。

　　一切都缘于那枚来历不明的黄金挂饰。主人公伊生·盖奇，一个不务正业的浪子，从刚独立的美洲新大陆来到大革命后的巴黎，成天流连赌场寻找运气。一天，他从赌桌上赢得一枚据说被施了毒咒的古埃及挂饰，不

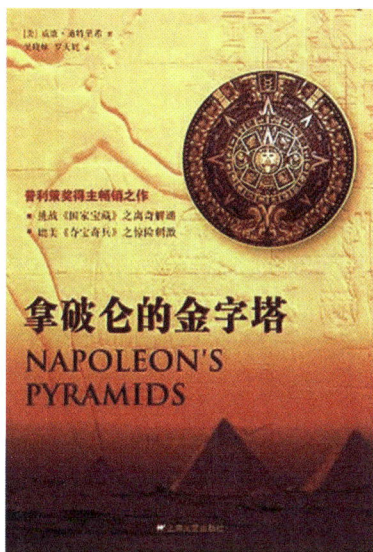

意从此遭逢一连串厄运：居室遭人入侵，与他一夜风流的妓女也惨遭杀害。为躲避警察追捕，他不得不求助于共济会兄弟。几经周折之后，盖奇终于混入一批科学家和考古学家组成的专家团，跟随拿破仑的远征军前往埃及。

从亚历山大港到开罗城外，在兵荒马乱的战事中，盖奇的秘密愈益引发了拿破仑的觊觎之心。拿破仑的兴趣也许在于金字塔所昭示的某种权力魔法，而来自新大陆的冒险家则锲而不舍地追寻隐藏在挂饰中的密钥。他周旋于各路人马之间，其中包括信奉异端的法国伯爵、阴魂不散的阿拉伯杀手，还有面目不清的埃及女祭司。他在一连串的几何公式中逡巡不前，思忖着神灵的意图……

许鞍华说许鞍华

邝保威 编

复旦大学出版社 2010 年 7 月初版

　　许鞍华是香港电影新浪潮的领军人物之一，也是香港电影界的一个异数，在三十年的导演生涯中总是以实验的态度去博取商业成功，在成功与失败的记录中永远有着花样翻新的艺术表达。她那些让人难以忘怀的影片不光是好看，还有一种万般无奈的苍凉。像《疯劫》、《投奔怒海》、《倾城之恋》、《客途秋恨》、《女人，四十》、《半生缘》、《千言万语》、《天水围的夜与雾》等等，都是将人物个体的焦灼感投射到社会的大视野中，以独特的叙事手法表达深沉的人文关怀。她擅于表现流徙不安的无根之苦，也往往在女性问题上展示某种异样的触觉。

　　她的作品有活力，有神

105

采，也有着叙事细腻的特点，所以总能勾起人们心底朦胧的期待，也总是成为文化沙龙里谈论不休的话题。

本书可谓许鞍华话题的集大成者。前半部分是"许鞍华说"，是她回顾自己从影经历的言述，谈她拍摄的每一部影片，其中不乏理性思考，也有非常感性的东西。这种面对访问者的讲述涉及许多有趣的细微感受，倒也不妨看作是一个导演的艺术札记。后半部分是"说许鞍华"，是跟她合作过的编剧、摄影、副导演、场记一类电影人对许鞍华创作经历的追忆，还有一些影评人和电影学者的评介文章。那些客观、肯綮的文字无疑有助于读者更深入地了解这样一个矻矻追求事业的女人。

作为一个成功的电影导演，许鞍华的事业并非一帆风顺。在某种程度上，本书也可以说是一部关于艺术家的励志读物。

"我们的国家"系列丛书（首辑四种）

历史与文化　樊树志 著
疆域与人口　葛剑雄 著
技术与发明　江晓原 著
文学与情感　骆玉明 著

复旦大学出版社 2010 年 8 月初版

　　这套丛书讲述中华文明和中国国家历史、文化的形成与发展，从制度沿革到国土疆域，从文学艺术到技术发明，对世世代代的中国作出方方面面的观照。这是一套关乎中国人心性的书籍，也是一套关乎国家认同的知识读物。

　　这里，一个题目就是一个专业窗口，带你进入一个个专门的领域。著述者以历史线索贯穿若干专题，寻绎文明的内在活力，扼述兴亡成败的经验教训，系统而有重点地介绍有关中国的各类知识。

作为面向青少年和一般读者的普及型读物，这套丛书的特点是视野开阔，脉络清晰，文字甚佳。一套知识密集的丛书要真正做到能够引人入胜，首先取决于著述者的才学与胸臆，而出版方的创意与眼光亦在此得到充分印证。这套丛书的全部书目均由国内一流高校的权威学者担纲，作者阵容之强大绝对令人称羡。

大手笔做普及文章，最有看头。

王的阴谋

〔美〕菲利普·德波伊 著　陈卓 译

复旦大学出版社 2010 年 8 月初版

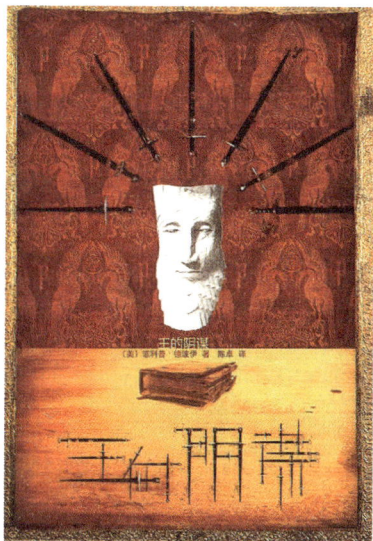

　　一六〇五年初春，剑桥校园一个近乎封闭的院落里，接二连三发生离奇命案，被害人都是翻译《圣经》的学者。英王詹姆斯一世敕命重译《圣经》，势将动摇天主教会的权威，被罗马教廷视为"恶魔"工程。克莱蒙特教皇暗中派出几路人马，坐镇英伦试图掌控局势。凶手是罗马教廷一方，还是另有其人？事情一开始就引入了扑朔迷离之局。

　　詹姆斯一世如何应对来自梵蒂冈的威胁，这是故事的核心。书中直接写到这位国王的章节不多，但他却是整个事态发展的推手。"打开窗户，放进光明"，詹姆斯一世起先对新译本的要求是复原被拉丁文本"篡改"的内容，为此派人送来了许多原始手卷。然而，当教皇手下连连受挫之后，国王却诏令翻译组不得加入任何新内容。泰门教友终于想到教皇和国王之间的互动关系，王的阴谋，难道不是王者与王者的"共谋"？

泰门，一个学者兼杀手和间谍的角色，本是教皇派来剑桥当卧底的，当他和马伯里执事共同经历了那些阴谋与杀戮之后，终于认清谁是真正的魔鬼，毅然与克莱蒙特教皇一刀两断。对于这位神秘的主人公来说，腥风血雨自是灵魂救赎的炼狱。

德波伊的这本书和丹·布朗的《达芬奇密码》一样，也是从《圣经》正典之外的"伪经"中找到了叙述原点。诺斯替福音书和死海古卷发现大半个世纪之后，小说家恍然尝到了颠覆的乐趣。

中国文化名人传记丛书（五种）

萧红传　葛浩文 著

丁玲传　丁言昭 著

钱锺书传　张文江 著

徐志摩传　宋炳辉 著

端木蕻良传　孔海立 著

复旦大学出版社 2011 年 1 月初版

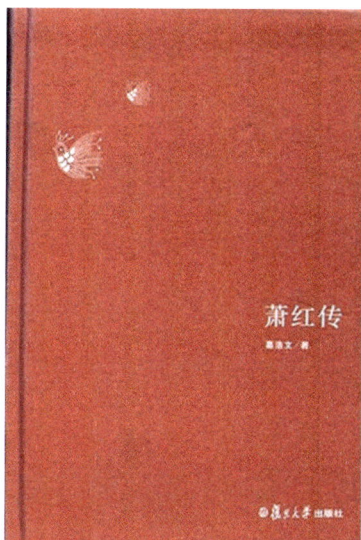

十八岁的萧红因逃婚永远离开了呼兰河畔的家园，从此飘零江湖的日子几乎伴随终身，饱尝始乱终弃的个人苦难之际，偏偏"九一八"国难接踵而至。对中国人来说那是一个艰难时刻，热衷抗日活动的端木蕻良被南开中学开除出校，旋而有了一段短暂的戎马生涯。就在那一年，丁玲失去了爱人胡也频，大悲大恸之后，开始在左翼文艺活动中找回生命的热情。就在那一年，十一月十九日，徐志摩在济南附近坠机身亡……近世中国的历史记忆纠结着各式各样的悲欢离合，叙说各路文化名人的传奇故事。

徐志摩泪别剑桥那时候，新文化运动尚在起步阶段。风起云涌，狂飙突进，十年后竟是局面大变。文化人纷纷由启蒙转向救亡，别有一番慷慨赴难的心路历程。也许自钱锺书负笈英伦，知识者的另一条道路开始凸现其内在精神，从写作《围城》、《谈艺录》和《管锥编》那些故事中不难看出，中国人郁结而发愤的文化性格中已注入某些新的因素……

每个人都在讲述自己的故事。这些作家、诗人和学者写在人生边上的故事，可以说与社会历史互为文本，见证了岁月沧桑、人世悲欢，于困苦与沉潜之中勾勒出爝火不息的精神足迹。就断代史意义而言，这类传记丛书正可谓大时代之"文苑传"。

"上海旧事" 系列（三种）

复旦大学出版社 2011 年 1 月初版

上海 1908　　夏伯铭 编译

　　本书根据英国劳埃德大不列颠出版公司一九〇八年出版的《二十世纪香港、上海和中国其他通商口岸印象》一书相关内容编译，介绍上个世纪初作为通商口岸的上海之都市发展及文明状

况，其中包括行政管理、公共设施、市政工程、社会机构、工商业及外国商团等，内容涉及银行、航运、海关、洋行、医院、邮电、体育、新闻及旅游业等诸多行业。

　　图文并重是本书一大特色。其大量图片主要采自原书，生动地反映了一百年前原汁原味的老上海，而大量数据和图表亦显示其特有的

文献价值。

四万万顾客　　〔美〕卡尔·克劳 著
夏伯铭 译　G. 萨波尼科夫 插图

本书作者二十世纪二三十年代在上海从事广告业，推销从纺织机械到化妆品之类各种西方商品，后来将自己那段经历写成了这本书。作者将当时四亿中国人看作潜在的顾客，同时结合推广代理的典型案例，生动分析了中国人的性格和社会状况，以及中国特殊的文化传统和地域风俗。有趣的是，七十多年后，在这个经历了天翻地覆的变化的国度，书中的许多经验似乎仍然适用。

洋鬼子在中国　　〔美〕卡尔·克劳 著
夏伯铭 译　E. B. 伯德 插图

本书作者最初以记者身份来到中国，曾采访过孙中山、蒋介石和周恩来等著名人物，他还是一个老资格的中国通。一九四〇年出版的这本书，记叙外国人在中国各式各样的生活。作者有一个基本判断，即认为中国人始终是宽宏大量的。书中以漫谈式的笔调讲述自己在中国二十多年间接触的各式人等，从流浪汉到达官贵人，从日常生活细节到种种奇闻轶事，向读者展示了一个万花筒式的旧上海乃至旧中国。

林芙美子小说集（全三卷）

复旦大学出版社 2011 年 1 月初版

放浪记　　魏大海 译

本书乃日记体"私小说"名著，林芙美子实有日本昭和时期（1925—1988）女性文学"第一杰作"之美誉。书中叙说主人公长达十年挣扎于底层的生活经历与情感历程，那些充满艰辛与屈辱的细节，那些令人怦然心动的心理描写，活生生地展现了一个文学女青年在苦闷中不断求索的内心世界。作者的文字真率而大胆，具有一种特殊的感受力。

浮云　　吴非 译

这部反省战争的作品着眼于普通人的堕落。雪子与富冈相遇在战时的印度支那，战后又在废墟般的东京重逢。

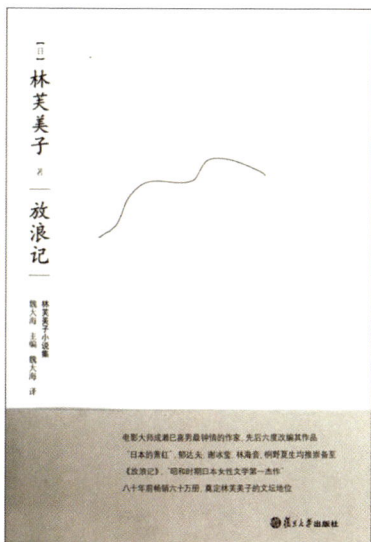

对富冈来说，与雪子的婚外情意味着一段游离于战争之外的美好时光。怀着曾被戕害的心灵创伤，两人重续前缘，在苦恋中继续苦涩的人生。然而，坚忍的生命终于在沉沦中走向毁灭，遥远的屋久岛是一个可怕的结局。

晚菊　　刘小俊 译

这个集子收入十二个中短篇小说，均为作者不同时期的代表作。这里几乎都是小人物，有年老色衰的艺妓，走街穿巷的卖药人家，战时孤寂的留守女性……借由芸芸众生的家长里短说事儿，却引出人性的深度震撼。川端康成曾以"馥郁"与"荒凉"评价作者的叙述话语，正是这种"对立存在"，营造了激烈的情感与丰富的美学意境。

"迷影"丛书（六种）

复旦大学出版社 2010 年 7 月—2011 年 1 月陆续出版

迷影文化史　　李　洋 著

"迷影"（cinéphilie）是一种趣味，一种精神，它以精神与趣味铸成了一种文化史。

许鞍华说许鞍华　　邝保成 编

一位电影导演的焦灼不安，一位艺术家的赌徒心态，一位知识女性的极道追踪……

香港电影血与骨　　汤祯兆 著

"草根影评人"的电影体验自有独到之处，阿汤面对港片的江湖，解读神话与经典。

戏缘　　黄爱玲 著

看电影如交朋友，也讲缘

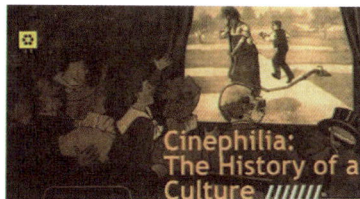

分。其实缘分来自感觉，有了心里那份喜欢才有这等好文字。

香港新浪潮电影　　卓伯棠 著

"新浪潮"是香港电影的流金岁月，这是一个历史记忆，也是一个永久的学术话题。

严浩电影讲座　　卓伯棠 编

电影导演讲电影，圈内人的门道之谈，譬如画面之外的构想，镜头背后的机杼……

"企鹅经典"丛书

人民文学出版社 2012 年 1 月出版

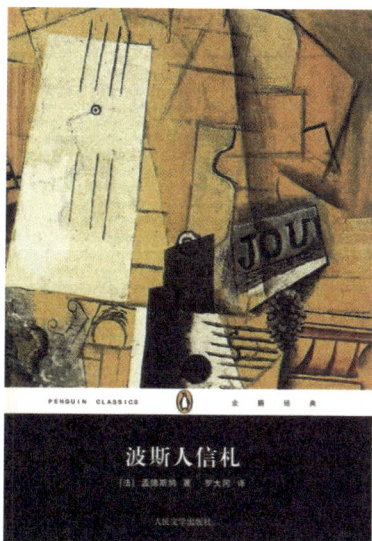

这套中文简体字版世界文学名著以企鹅出版集团（Penguin Books）授权使用的"企鹅"商标为标识。丛书编辑体例与设计规范均沿袭企鹅原版风格，同时亦引入了相关版权内容。

丛书首先在选题上精心斟酌，保证所有的书目都是最具权威性的经典作品；还有就是采用最好的译本，译文务求贴近作者的语言风格，尽可能忠实再现原著的内容与品质；另外，每一种书都附有专家撰写的导读文字，以及必要的注释等等。丛书编辑者设定了一个绝对不低的标准，期望以自己的努力将读者引入庄重而温馨的文化殿堂。

优秀的世界文学作品自有一种特殊的价值承载，那就是提供了跨越不同国度不同文化的理解之途。当今之世，迪斯尼式的大众消费文化越来越多地造成了单极化的拟象世界，因此人们需要从精神上做出反拨，需要一种文化救赎。此时此刻，如果打开一本黑色封面的"企鹅经典"，你也许不难找到重归家园或是重新认识自我的感觉。

鲁迅的抬棺人

鲁迅后传

吴中杰 著

复旦大学出版社 2011 年 6 月初版

　　本书是萧军、胡风、冯雪峰、聂绀弩、黄源、巴金六人合传，这六位作家与鲁迅晚年多有交往。一九三六年十月二十二日鲁迅出殡时，萧军等人在队伍中给鲁迅扶柩送行，而冯雪峰则是那场丧礼的幕后总策划。在后鲁迅时代，这些鲁迅后继者身上却延续着一种新的彷徨与苦难。

　　桀骜不驯的萧军最早受到批判，从延安到东北，一直是噩梦缠身。胡风一九五五年被打成"反革命小集团"头目，关押了将近四分之一个世纪。到了一九五七年，冯雪峰、聂绀弩和黄源均被

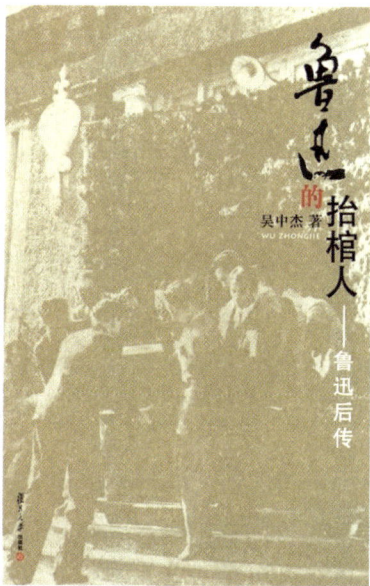

打成"右派分子","文革"中聂绀弩还以"反革命"罪名下狱。巴金虽说"文革"前幸免于难，而在那场史无前例的浩劫中却被作为文艺界"黑老 K"重点批斗。

他们的悲惨遭遇实非偶然，因为，这些抬棺人最有可能继承鲁迅的精神和文学事业，这就铸定了九死一生的磨难。因为，他们一旦秉持鲁迅所强调的知识分子的独立品格，沿着鲁迅的道路前行，那就无法绕过意识形态壁垒，只能在现实的铁屋子里碰得头破血流。在新的"帮忙文学"与"帮闲文学"的语境中，面对新的"瞒和骗"的政治氛围，他们在苦苦挣扎……从这六个人的命运中，可以清楚地看出鲁迅身后的寂寥，所有的一切都能让你深思：无声的中国，何以会产生鲁迅这样一个异数？

中国文学史新著（增订本第二版）

章培恒 骆玉明 主编

复旦大学出版社 2011 年 1 月出版

　　二十世纪九十年代中期，章培恒、骆玉明主编的《中国文学史》是学术界和出版界一桩"石破天惊"的大事件，那套书以颠覆性的叙述找回了遮蔽已久的文学之魂，从而引发了世人瞩目的"文学史热"。此后，章、骆两位先生并未中止登高揽辔的学术思考，十年后又有《中国文学史新著》（增订本）问世；再逾五年，继而推出增订本之第二版。编撰者在对原有文本不断改订、重述和增益之际，写下了瘁力打造的辉煌。

　　人性、个性的发见，生命的诉求与表达，无疑是这部文学史著妙谛所在。编撰者流眄古今，揄扬风流，就

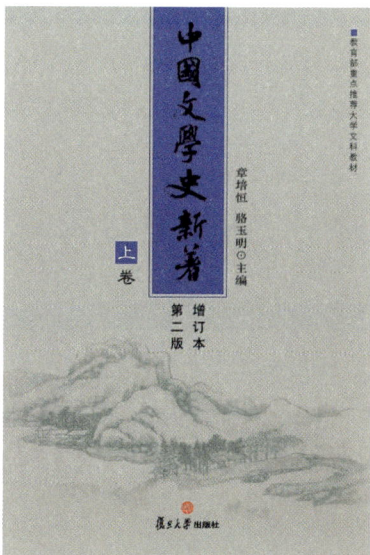

在心灵空间拓放之际抓住了文学发展的理脉。从来没有一部中国文学史能像本书这样跳出社会史、思想史的窠臼，从以往过多的外部研究回到对文学本体的考察，真正将美感特征作为求证问道的门径。书中据于文学形态学的梳理和辨析，显然具有特殊的史述意义。造化赋形，运裁百虑，文学类型和形式演变是怎样发生的，又是怎样转化为持久的精神影响？本书正是把准这样一个发展脉络，对中国文学的历史过程和精神谱系作出了"范导性"的描述。另外在文学史分期问题上，本书亦自有创设，废弃了通常以王朝更替的分期标准，界定以更符合文学自身嬗变规律的时间断面，这项极富挑战性的工作实际上开创了中国文学史著述的崭新架构。

"鼓天下之动者，存乎辞；化而裁之，存乎变。"也许，在今后很长时间里，章、骆主编的《新著》增订本将是一个富于启发性的话题，也将成为一种推陈出新的经典范式。

我想重新解释历史

吴思访谈录

复旦大学出版社 2011 年 7 月初版

在一个动荡不安、人心思变的时代，每个人都想看清社会变革的基本走向。然而，正如乔治·奥威尔所言："谁掌握了历史就掌握了未来，谁掌握了现在就掌握了历史。"本书向你讲述的就是如何从历史的轨迹中辨识现在与未来，如何透过当下去理解几千年来制度、规则和世事变迁的演化逻辑。

重新解释历史是要回答现实的困惑。本书汇集的二十九篇访谈录是释史之论，也是世道人心之谈，其实无一例外针对着中国的现实问题——作者与访谈者从不同层面上讨论生存策略，讨论博弈与规则，讨论国情与民生，讨论劣币如何驱逐良

币……像是一个"精于算计"的解密者，作者那些取譬广泛的言述无疑包含着某种独擅胜场的眼光与心态，每每揭出让人触目惊心的错乱之局。

多年前，作者曾以"潜规则"、"血酬定律"等命题考察中国社会的内在规律，那些自创的名词不但进入了大众语汇，庶几成为老百姓的口头社会学。现在，摆在读者面前的这本访谈录凝聚着作者近年来的新思考，勾勒出建构一种新的历史观的若干思路。

敬畏历史

虞云国 著

复旦大学出版社 2011 年 7 月初版

　　这是一部以史学为主要话题的读书札记和人文随笔，收文五十余篇。这些文章大抵写于最近十年间，与人们当下的精神视野和危机意识有着深度契合。

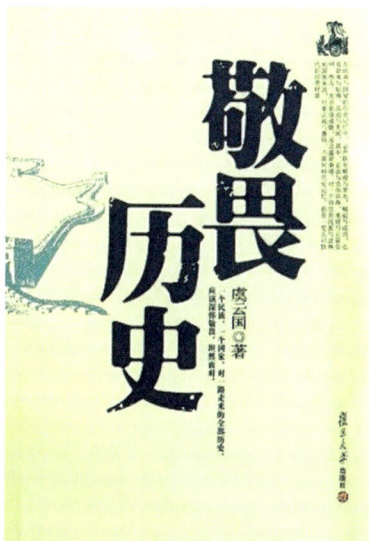

　　这里谈论的历史，不仅是故纸堆里的故事，也包括历史之于现实生活的价值认识，甚至某些缠绕于读书人心头的生命感受。作者对二十世纪五十年代中期以后，国人隔断传统、编造历史和遮蔽历史的做法深怀痛感，故而在自己这一系列文章里凸出"敬畏历史"的严肃主题。作为一位宋史专家，他对当代历史尤其是"文革史"的关切大大超逾了自己的专业范畴，这无疑显示出一种真正的学者关怀。

书中若干涉及史学人物的篇什尤为可读，言诠其人其书，犹如层层剥笋。如郭沫若之于秦始皇、吴晗之于朱元璋与海瑞、任继愈之于司马光之治道史观……可见前辈各有风范，史学之路各具擅场，有曲意阿世之笔，必有人性之桎梏，时代与制度之局限亦在在可见。

中国的不平等条约

国耻与民族历史叙述

〔美〕王栋 著　王栋　龚志伟 译

复旦大学出版社 2011 年 10 月初版

　　鸦片战争以后的一百年间，中国政府（先是晚清政府，后是国民政府）与世界各国签订了数百乃至上千个双边或多边条约，其中很大一部分包含不平等条款。这些不平等条约承载着中国人的家国屈辱，成为中华民族集体记忆中永远的痛楚。

　　本书在对原始史料进行全面研究的基础上，着重揭示了"不平等条约"这一词语在语义上的演变，以及这一表述如何成为中国人争取和维护国家独立、统一的中心议题，成为近代以来中国政党政治的某种核心动力。

作者认为，对不平等条约的解读，可以作为对外交、法律、政治和文化意义上的民族主义的一种特别的解析方式。同时，作者还提出了一个令人感兴趣的课题，即中国人对条约公正性的执着催生了一种法理认识，推动了国际法在中国的本土化进程。

长期以来，海内外有关不平等条约的著述均注重于条约文本研究，本书的切入点则是对于不平等条约的不同历史解读，从而寻绎民族主义思潮对中国政治斗争的深刻影响。作者的论证缜密而有力，观点令人耳目一新，自英文版问世以来一直颇受好评，相信中文版会给中国读者提供一种看待"不平等条约"问题的新视角。

核电员工最后遗言

福岛事故十五年前的灾难预告

〔日〕平井宪夫 著　刘黎儿　菊地洋一　彭保罗 合著

陈炯霖 苏威任 译

人民文学出版社 2011 年 11 月初版

长期以来，核电被视为一种"清洁能源"，直至二〇一一年三月福岛核泄露事故给人类敲响了警钟。然而，早在十五年前，一位因辐射致癌的日本核电员工就喊出了振聋发聩的警世预言——"核电日后必会为我们带来无穷的灾难"。他就是本书作者平井宪夫。

平井是负责核电站管道施工与维修的技师，曾在福岛核一、福岛核二、滨冈核电、敦贺核电和东海核电等核电厂工作了二十多年，退休后以坚定的反核立场向民众揭露核电的危险内幕，本书就是在他当时讲演的基础上整理而成。作者以遭受一百次以上体内辐射污染的亲身经历，用大量事实陈述核电厂从施工到运营监督整个过程的种种灾难性因素——这就是日本政府不肯说、电力公司极力隐瞒的核电秘密。

为本书中译本作序的江晓原教授认为："平井宪夫书中最重要的贡献，是指出了如下事实：核电专家在图纸上设计出来的'绝对安全'的核电站方案，实际上是无法在施工和运行中实现的——因为人在核辐射环境中，生理和心理都使他无法正常工作。所以核电站无论设计多么合理，理论上多么安全可靠，在实际施工和维护时总是难以达到设计要求，难以绝对保证质量。而设计核电站的人，当然不是那些在现场核辐射环境中施工或检修的工人。这是一个以前在关于核电的讨论中从未被公众注意到的问题。"

许子东讲稿（全三卷）

人民文学出版社 2011 年 11 月出版

卷一：重读"文革"

"文革"的梦魇仍在，许多人却已忘却。为了这忘却的集体记忆，作者借助文学叙述追寻一段尘封的岁月。重读也是重构，本卷通过对五十篇"文革小说"的解读，不仅力求从经验层面上复原那些远去的历史场景，且以反思立场彰显一种文化与道德关怀。有意思的是，作者的研究采用了叙述学和故事形态学的某些方法。

卷二：张爱玲·郁达夫·香港文学

张爱玲的"苍凉"，郁达夫的"苦闷"，香港文艺小说之"寂寞"……作为文学教授和批评家，作者的学术兴趣永远勾连着中国故事背后的百年孤独。从林林总总的论题中可以看出，这是一种极富个性的研究。形象与意象并重，学理与性情兼属——无论是作家论还是文本索解，处处透着"辨异中之同，察同中之异"的敏锐目光。

卷三：越界言论

十余年来，作者担任凤凰卫视"锵锵三人行"栏目嘉宾，对国内外许多重大事件和热门话题发表议论，所以有了这些从学者书斋"越界"到公民言论空间的文字，诸如周老虎、打酱油、黄段子、大阅兵、土地流转、艳照门、中国足球、红十字……可是，作者为什么要屡屡"越界"？言论的"界限"到底在哪里？有道是天知地知……

海上学人

吴中杰 著

复旦大学出版社 2012 年 1 月出版

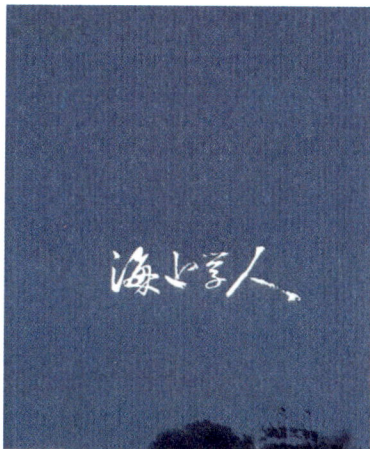

"有时，你在校园里碰到一个很不起眼的老头，一打听，原来是江湖上有名号的人物，拂去历史的尘埃，就会发现，在他身上还联系着一段文化史或政治史。"这是本书作者写到语言学家乐嗣炳先生的一段话。自学成才的乐先生二十世纪二十年代闹过革命，三十年代投身大众语运动，解放初在黔桂边境收编土匪武装，五十年代却被打成"右派"……像这样一生都是故事的学林人物，在作者笔下还有很多。譬如，学问博洽却又好辩好斗的陈子展先生，蓬首垢面而深藏不露的赵宋庆先生；譬如，"为学不作媚时语"的王元化先生，"拍案一怒为胜迹"的陈从周先生……书中一共写了三十六位学者，各有各的性格情趣，各有各的人生遭遇。

作为众多"海上学人"之特写，本书的主旨，一不在于彰扬这些人物的学术成就，二不在于描述一种地域性学术文化（实与所谓"海派文化"无关），而是着眼于他们的精神与风骨，以及历史风云中的个体命运。作者的笔调极其平实，完全撇开了传统的虚饰写法，悉心追求生命的真实，细节的真实。像贾植芳先生的荣辱不惊，孙大雨先生的狷介疏放，像张世禄与陈望道两位先生关于"语法"与"文法"之争，像陈望道先生用心良苦地保护学生……从这些知名教授与学者身上，你总能找到某种思想的起点，因为他们的人生见证着从民国到共和国的历史脚步，见证着中国现代学术与教育事业的坎坷历程。

所有的苦难与苟且都寄予一种微茫的希冀，那就是：学术独立，思想自由。

日本汉学著作（四种）

复旦大学出版社 2012 年 1 月出版

对中国的乡愁　　〔日〕青木正儿
吉川幸次郎等 著　戴燕 贺圣遂 选译

日本学者的中国叙事别有趣味，从李白笔下考索当垆卖酒的胡姬，借诗酒应酬言述文人交游之风……自甲午战后，尽管在日本人眼里中华帝国的老大形象已轰然坍塌，但东洋汉学家们依然醉心于历史的乡愁，甚而从中国的民俗风物中发掘美学情致。

中国文学史　　〔日〕前野直彬 主编
骆玉明 贺圣遂等 译

较之国内学者撰写的中国文学史，这部日本学者的同类著述凸显了以简驭繁的特点，亦多体现了一种他者眼光，故而自有新见。文化差异决定了不同的述史方式，本书对文学形态和演进脉络的总体把握尤为精到，其中充满了有趣而值得思考的问题。

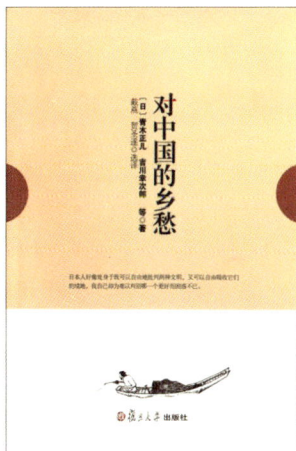

中国诗史 〔日〕吉川幸次郎 著 章培恒 骆玉明等 译

作者对言语的高度敏感和深思熟虑，无疑带来人格化的哲学倾向，这首先见于对文学的力量与激情的持续关注。诗歌的宿命，有感于天意无常；诗人的追问与求索，永远演绎着个性与心悸。书中从遥远的吟哦中发现人的问题，揭橥裹于苦涩的人道思想。

宋元明诗概说 〔日〕吉川幸次郎 著 李庆 骆玉明等 译

本书论说宋元明三代诗作，特别强调市民社会的大背景。作者将宋诗视为中国诗歌之重要转折——不仅是那种"去悲哀化"的努力，亦由此开辟了重叙述、好议论的风气。诗人如何一步步从庙堂走向人间？这里有精神脉络之梳理，也有具体意象的分析。

西方史学通史（六卷本）

张广智 主编

复旦大学出版社 2011 年 12 月初版

第一卷　导论　张广智 著
第二卷　古代时期　吴晓群 著
第三卷　中世纪时期　赵立行 著
第四卷　近代时期（上）　李勇 著
第五卷　近代时期（下）　易兰 著
第六卷　现当代时期　周兵　张广智　张广勇 著

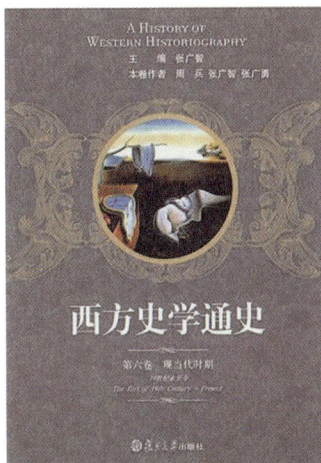

本书胪述自荷马时代迄至当今西方史学发展的各个历史节点——从希罗多德到塔西佗，从中世纪教会的编年史学到工业革命时期的实证主义史学，举凡世俗史家之崛起和理性主义史学之诸多学案，乃至"新史学"以后的反思与重建……西方史学各个阶段的代表性人物和不同流派皆在讨论与阐发之中。编纂者尤其注

重剖析各种史学观念形成之时代背景及其文化语境，从不同的历史书写中揭橥史学建构的智慧方式。

　　作为一部多卷本通史之撰，本书对经典文本的深入解读提供了极为丰富的研究思路，同时也是这一学科范围内最有价值的文献津梁。

书信世界里的赵清阁与老舍

傅光明 著

复旦大学出版社 2012 年 3 月初版

从一次学术采访到旷日持久的书信往复，作者与美国作家韩秀（Teresa Buczac-ki）的文字因缘终于演绎成感人的散文叙事，这是本书颇为奇特的书写方式。

最初，作者为写作《老舍传》，向早年与老舍和赵清阁有过交往的韩秀女士了解她所掌握的"独家资料"。随着一封封电子邮件登陆于大洋两岸，他们书信里谈论的话题逐步深入，远远超出了学术采访的内容，发展成为一种广泛而有趣的交流，涉及人生、历史、社会、文学等诸多方面。真挚，坦诚，友谊，这一切建构

了一个心灵的传奇。

　　缘起的话题是"文革"初期老舍之死,随后自然引出赵清阁与老舍的感情故事,而故事里还夹杂着少女韩秀的奇崛人生……一切都是那么令人唏嘘不已。尘封的记忆有着太多的辛酸,如何正视历史的伤痛却是一个难以回避的问题。也许,面对无法还原的历史真实,人们只能朝远去的背影投下深情的一瞥。无论学术的考证,还是世俗的追忆,人间的悲悯总是充满温暖与亲切,而由此"见证一个美丽而凄凉的灵魂"——为本书作序的陈思和教授如是说。

詹宏志作品集（四种）

复旦大学出版社 2012 年 5 月初版

人生一瞬

列出时间与空间的坐标，捕捉灵光一闪的生命轨迹。人与事，情与景，人生旅程的雪泥鸿爪都在记忆中复活了，带着私密的家史与个人史走进这温馨的文字里。

绿光往事

融融泄泄的亲情故事，懵懵懂懂的成长瞬间。时间在流动，世界在旋转，他在向远处张望，开始感受到夜的寂寞与凄凉。灯光灭去，往昔的一切仍然历历在目。

詹宏志私房谋杀

从柯林斯的《月光石》到钱德勒的硬汉品流，本书分述三十六部经典推理小说，如数家珍地诠释探案文学的各派门径，包括本格派的推理公式和变格派的逆反形式……

侦探研究

尸体／痕迹／密室……问与答／在场与不在场……侦探世界的真实与虚构之间，有着趣味盎然的互文性。透过畸情与理性的较量，逐一解读吊诡的游戏规则。

出版的品质

贺圣遂 姜华 主编

复旦大学出版社 2012 年 5 月初版

这是一部出版人的传奇，分别叙述二十一位中外出版大家的生平传略，从无数个出版策划案例中揭示一个行业的文化品质。

这是书的故事，也是人的故事。筚路蓝缕，玉汝于成。书人的灵魂翱翔在智慧与知识的天地之间，书里书外都是一个宽广的世界。

这是"出版人写出版人"的书人叙事，所有撰写人与主编者皆为出版界资深人士。他们将行家里手的眼光与感觉付诸笔端，体悟前辈与同行"为伊消得人憔悴"之境界，赞美一种改变世界的力量。

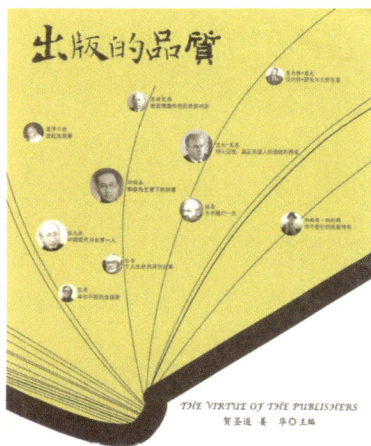

燕城杂记

姜德明 著

复旦大学出版社 2012 年 4 月出版

从一本旧书说起，胪述文坛前尘，或由掌故入手作史料梳理与考证，这是姜德明先生最擅长的文字之道。姜先生在这本书里以点点滴滴的历史记忆敷陈文物逸闻，写到柳亚子、罗瘿公、鲁迅、田汉、郭沫若、叶圣陶、夏丏尊、张伯驹、俞平伯、王瑶卿、梅兰芳、姚茫父、陈师曾等几十位现代作家、画家与京剧艺术家，不啻一幅幅栩栩如生的画像。

当年罗瘿公怎样扶持程砚秋，叶圣陶作《文章病院》有何弦外之音，胡风编辑的丛刊为何屡遭查禁？揭开尘封的历史文档，细述故事背后的故事；可见诸公之遗犹有存者，可谓心性自由乃文化之范儿。书名谓之"燕城"，其实不限于北京一地的文化景物。本书还谈及若干出版史旧闻和一些稀见出版物，乃至笺纸艺术之类。民国去今已远，藜火夜燃，心事浩茫，作者自有斯文寓焉。

作为藏书家与现代文学史家，姜先生学识丰赡，涉笔从容，这些文章本身颇有前人笔记风范。书前有黄裳老人一序，表彰其访书与著述之境界。

知日的风景

汪涌豪 著

复旦大学出版社 2012 年 8 月初版

这是一部关于日本的文化随笔，以世相、人物与书情三个方面为切入点，摭谈日本的历史文化与当下生活，从江户后期的渡边华山到明治时期的维新志士，从浪花节的说唱艺人到相扑、能乐和如今的宅男腐女……甚至包括漫画、轻小说和"可爱文化"之类。

本书的叙事不拘于任何单一向度，力求在更深更广的层面上去认识日本。作者敏锐地观察到，所有的一切皆非一成不变，风尚在慢慢变化，传统可以被重新解读，你所耳熟能详的日本已经不是昨日的风景。在浮华与喧嚣之中，整个社会却变得越来越沉静了，且更像一个小径分岔的迷宫。但日本依然是日本，阴翳的笑容依然随处可寻，谛视熟审之下，那些后现代或是后后现代的文化姿态或许正是自我更新的冲动。

对于一种异质文化的观察和体验，首先需要不带任何偏见。作者说过，"我真的是想学一学老一辈的知识人，他们就是想去了解一个民族，然后去摆正和这个民族、这个国家的关系。"正是本着这样的心愿，作者强调要打开"知日"的眼界。

诗铎（第二辑）

陈思和 胡中行 主编

复旦大学出版社 2012 年 8 月出版

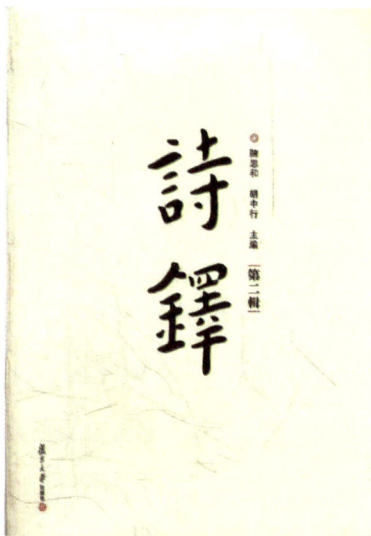

这是一本由复旦大学中文系主办的旧体诗词辑刊，发表诗词创作与学术研究，兼及史料掌故等。自首辑问世以来，颇为学界人士和诗词爱好者所关注。办刊者认为，作为一种小众雅事，旧体诗词未可重现昔日辉煌，却仍然有着文化传承之意义。所以，如何以传统形式表现时代特征，是当下旧体诗词创作的首要课题。其宗旨在于：一方面恪守格律，尊重传统之审美形式，另一方面则要求贴近生活，传递时代之精神内涵。

本辑以"先哲遗音"一栏为重点，刊布已故复旦大学外文系教授徐燕谋先生诗词一百三十余首。徐先生学殖深厚，诗才俊逸，是钱锺书先生过从甚密的诗友。由其不同时期的诗词创作，可窥识前辈学人的历史遭遇和心路历程。另外，"名宿新编"、"春申雅集"、"时人畅咏"各栏，可谓群贤毕至，少长咸集，汇聚几代学人之骚墨，题材兴味各有所趋，或见感事忧时、击筑悲歌，或见抵掌谈笑、意气风发。在若干学术与笔乘栏目中，张寅彭、林同济、刘衍文、陈鹏举、郜元宝等几位先生的文章都颇见分量。

复旦新闻与传播学译库（五种）

复旦大学出版社 2011—2012 年出版

软利器 〔美〕保罗·莱文森 著

何道宽 译

本书从信息载体切入，考察各种文字形成、印刷和摄影术的发展历程，分析电子媒介、超文本和互联网的人机互动，展望人工智能的未来世界……所有的媒介演化历史，无不印证了作者早年提出的媒介发展"人性化趋势"，这是媒介运作以"软"为强的内在逻辑。

新新媒介 〔美〕保罗·莱文森 著 何道宽 译

作为媒介理论研究的顶级大腕，莱文森的目光始终追踪媒介的当下发展，对于数字时代的新新媒介更是及时提供了某种科学认知。面对博客、维基、脸谱、播客、优视、推特……作者生动地讲述，如何从这些最热门的新新媒介中找寻新的传播规律，发现未来之途。

媒介融合　　〔丹麦〕克劳斯·布鲁恩·延森 著　刘君 译

从媒介的技术层面转向传播实践，这是一个独特的视角，而特定的媒介在其运作中将对社会组织产生何种影响，则是本书的中心命题。作者基于对交流／传播观念史的深入考察，建构一种全新的认识论范式，涉及哲学、符号学、社会学、阐释学和控制论等诸多学科。

理解新媒介　　〔加拿大〕罗伯特·洛根 著　何道宽 译

这不仅是一部巨细无靡的新媒介百科，也对新媒介的语言迷思、生成语法、发展定律作出了深刻解读。麦克卢汉曾预言"媒介是人的延伸"，本书则从另一个方面揭示了"人延伸了媒介"的命题，并以其严密的逻辑和透辟的解析将麦氏的思想推进至一个新的高度。

字母表效应　　〔加拿大〕罗伯特·洛根 著　何道宽 译

字母表乃发明之母，这是本书开宗明义的核心思想。与中国的象形文字不同，字母表和拼音文字培育了西方人擅长分析和逻辑思维的抽象能力。作者认为，西方文化中的典章化法律、一神教、抽象科学和个人主义，这些推进现代文明发展的因素无不与文字形态有关。

曦园语丝

吴中杰 著

复旦大学出版社 2012 年 10 月初版

本书汇集作者最近十年写作的学术随笔和文化杂谈，其中包括鲁迅研究、文艺理论及审美问题等专题笔记。作为学殖丰厚的复旦资深教授，作者具有相当开阔的文化视野，对于当今的文化乱象更有清醒而深邃的认识。比如，文人学者与权力者的关系在他看来就是一个大问题，他从胡适身上看出当时的自由主义知识分子也未能摆脱中国传统文人的廊庙意识。比如，他辨析鲁迅对传统文化的态度，让人看清当下一哄而起的"国学热"的虚伪与滑稽。比如，他批判一边是遗忘，一边是怀旧的文化心态，热情呼唤人文

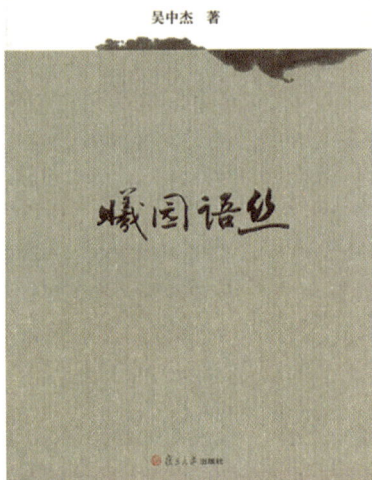

主义的理性精神……

作者推崇独立思考的自由精神，推崇巴老倡导的"讲真话"的文学主张，所以本书以直言不讳的批判风格而引人瞩目，其字里行间的真率与坦诚亦自有一种亲切感。从这些说理透辟的文章里可以看出作者的学识、智慧与胸襟，当然还有许多值得思考的问题。

汉语日历（图文本）

〔日〕兴膳宏 著　陈广宏 潘德宝 译
复旦大学出版社 2012 年 10 月初版

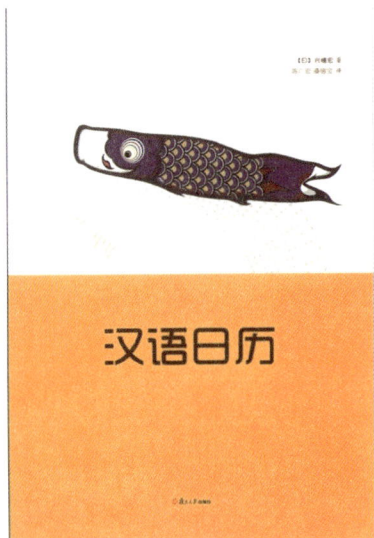

这是日本著名学者兴膳宏教授撰写的一本趣味小书，采用日历与古代"时岁记"的形式，拿一年中三百六十六天（含闰年）说事儿。内容包括时令与物候，民俗活动与历史事件，多取自中国和日本的古代汉文资料，亦涉及两国近代文学作品。

书中以名物入手，每天一个条目（拈出一个汉语语词为关键词），逐日传递丰富的人情物理信息。譬如，从"桃花水"联系到李白、杜甫的诗句，由"登龙门"说到肇始于江户町人的鲤鱼旗；至于"纸片鱼"这种题目，更由日本人食生鱼之馔事追溯《论语》所谓"脍不厌细"的古代风习。从花鸟虫鱼到饮食起居，从节令变化到社会活动，透过时间和语言构筑的世界，既可以看出作者对历史与现实的感悟和理解，也让人体会到一种以心摄境的兴味。值得注意的是，许多条目都反映了中日文化的交融与依存，而书名中的"汉语"一词，亦自包含汉语言文字在日本的传播与接受形态。

虽然每个条目只是短短一百五十字上下，却关涉人与天地万物之种种联系，或许其中亦有可以琢磨的深意。这些博雅的文字言简意赅，取材广泛，有如一则则极简的小品文，富于生活情调，更具知识趣味。

启蒙与出版（全二册）

苏格兰作家和十八世纪英国、爱尔兰、美国的出版商

〔美〕理查德 B·谢尔 著　启蒙编译所 译

复旦大学出版社 2012 年 12 月出版

十八世纪印刷业出现爆发性增长，随之而来是一场出版物革命，这背后的推手就是苏格兰启蒙运动。但事情或许可以倒过来想想，难道不是出版业发展推动了启蒙运动？本书就是通过苏格兰启蒙运动与英国出版业的共生互利关系，考察一个时代文化生长之奥秘。显然，正是近代商业出版替代了中世纪贵族的学术赞助，从而推进了言论自由和新思想的传播。

本书分作三个部分：第一部分，介绍苏格兰启蒙运动中的作家、学者，包括其身份的社会语境，以及他们

与出版人的合作关系；第二部分，概述伦敦—爱丁堡出版业轴心，分析若干商业出版机构运作机制，尤其威廉·克里奇的职业生涯；第三部分，重点是启蒙思想如何通过出版业在爱丁堡和费城的传播，其中讲到新大陆移民书商的学术贡献，最后总结苏格兰启蒙运动出版史的模式。

书中列举的种种细节非常翔实，并且多层次地描述了作者、出版商、印刷者及书籍流通过程中其他各种对象之间的互动关系，显示出一种宏阔的精神视野。

绝版诗话

谈民国时期初版诗集

张建智 著

复旦大学出版社 2012 年 12 月初版

    这本小书美不胜收，那些民国诗集的绝版书影就是一道昨日风景，更有作者寻寻觅觅的书林行旅……汪静之的《湖畔》留下了"一九二二年，油菜花黄时"的歌吟，蒲风的《六月流火》将"荔枝湾上卖唱的姑娘"摄入心底，每一本诗集背后都有一个故事。潜入时光隧道，打听诗人的消息，千回百转的情节终究让人牵挂。

    早年的浪漫已是前尘旧影，新文学精灵压入尘封的书簏。俞平伯写《西还》的时候，眼前充满着"温暖的色彩与空气"；陈梦家自信

160

"听惯了风的温柔，听惯了风的怒号"，到头来竟殒命狂风暴雨之夜。中国之大容不下几行真情的诗句，赤子之殇总是让人不胜欷歔。作者矻矻用心地搜罗诗人们遗留人间的吉光片羽，借以重温被掩埋的激情与梦想。

本书载录的诗集还有王统照《童心》、梁宗岱《晚祷》、白采《赢疾者的爱》、李金发《食客与凶年》、于赓虞《魔鬼的舞蹈》、杨骚《受难者的短曲》、关露《太平洋上的歌声》、辛笛《手掌集》，等等。很难想象民国诗界有过如此辉煌的时刻，三十年喧哗与骚动注定了日后的沉寂与凄凉。

怀真集

朱维铮先生纪念文集

复旦大学历史学系 编

复旦大学出版社 2013 年 3 月初版

这是一部献给朱维铮先生周年祭的纪念文集，撰笔者有朱先生的老师、同学、好友、同仁和学生五十余人。林林总总的文字追思并非一任哀情泛滥，而是朴实地写出这位杰出的历史学者和思想者追求真理之学术人生。

张隆溪、刘梦溪、姚大力的文章较多着眼于朱先生的学术思想，在不同的理解与阐述中各有寄慨。施宣园、王汎森、李零等人叙说与朱先生的交往，二三小事亦见其真人性情。许多人的回忆中都提到朱先生爱"骂人"，那未尝不是一种

是非分明、极爱较真的学者风范。

杨玉良序言中用"士人风骨"概括先生一生；王尧文章称之"谔谔之士"。

葛兆光的文章着重写出先生的另一面——严苛的外表下隐藏的柔软而善感的内心。葛文回忆先生对晚辈热心扶持二事，读来实在让人感动。而作者感受至深的，更是良师之外作为诤友的一面，故而坦率道出先生几次对自己的直言批评。

朱先生门生弟子的文章占了本书很大篇幅，如李天纲、邹振环、苏勇、马勇、徐洪兴、杨志刚、廖梅、王维江、姜鹏、傅杰、高晞等，各自从不同角度记述先生的治学精神与人间关怀，或是梳理其"求索真文明"的学理与思想。昔日课堂上名师风采，最后病榻上的坚毅与尊严，无不印证先生人格之光辉。

复旦宋代文学研究书系（六种）

王水照 主编

复旦大学出版社 2012 年 9 月—2013 年 3 月出版

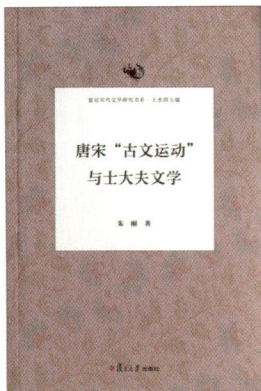

唐宋"古文运动"与士大夫文学
朱刚 著

本书强调士大夫理性精神与文化使命感，从相当广阔范围内考察"古文运动"，其中包括新儒学之影响、科举士大夫阶层之崛起，以及"周程、欧苏之裂"等重要话题。

中唐至北宋的典范选择与诗歌因革　　李贵 著

"宋调"的确立是一个典范化过程，本书通过分析陶渊明、杜甫及中晚唐诸家对宋诗进程之影响，由习诗之选择辨析其中因革关系，深入揭示一种文化救赎的精神内涵。

苏轼"和陶诗"考论　　金甫暻 著

苏轼何以写作数量众多的"和陶诗"？作者抓住文学史的一个特殊案例，考索其文学史乃至文化史之宏观背景，并就形式、内容艺术成就及意义与影响等逐项展开讨论。

欧阳修的文学与情感世界　　陈湘琳 著

注重美感经验是本书一大特点，作者以"细读"和"体察"的方法走近欧阳修，联系情感体验、地域记忆、空间书写、生命底色、文化风度等问题，进行了全面的解读。

制度、思想与文学的互动　　成玮 著

作者从制度、思想和文学的互动关系入手，在描述宋初诗坛图景的基础上，具体考论以欧阳修为中心的北宋诗文革新运动，并由仁宗朝诗风转变而诠释诗史演进之脉络。

刘克庄的文学世界　　侯体健 著

在晚宋文学生态的大背景下，展开对刘克庄周围世界多方面、多角度的探讨和研究，更由从"江湖"到"庙堂"的身份转换，辨析义化性格与义学生成之诸多复杂因素。

周作人：中国现代性的另类选择

〔英〕苏文瑜 著　康凌 译

复旦大学出版社 2013 年 4 月初版

　　本书的论述照例带有欧美学院派著作的暧昧与晦涩，但它提出的问题却相当重要，那就是：历史悠久的中华文明究竟是否具有自我改良的内在机制，而在现代性语境中陷入焦灼的中国知识分子又是怎样设置文化复兴的大目标？作者以周作人作为一个"另类"范本，阐述现代性话语建构的一个历史插曲。显然，晚明心性之学被视为周作人式基于个人情感的人道主义与自由主义的思想来源，书中认为周作人通过使用传统美学范畴的自我表达是一种具有现代性的主体认同，也是针对被"民族国家"所宰制的现代性的回应。

这里触及到一个更为深远的问题：宋明理学的内在分裂究竟意味着儒学复兴，还是这种统摄性的思想体系已开始走向解体？作者并未耽于此中论证，而是相信一种古老文明必然有其自我更新的机制（援引 Ashis Nandy 理论），干脆将晚明"性灵"之说作为人性觉醒之起点，从而铺展具有启蒙意义的历史叙事。本书还将周作人的现代性话语建构联系到京派作家、汪曾祺和二十世纪八十年代的"寻根派"作家，试图描绘出一幅抗衡所谓中国文化劣等性预设的美学自救图景。所有这些富于目的论设计意图的阐释，在当下中国知识界都可能会引起极大兴趣和争议。事实上，本书已经成为诸多争议性话语来源之一（其英文原著出版于2000年），从国内学院精英探讨中国现代性思想来源的若干著述中亦可看到本书的影响。

中国思想史（三卷本）

葛兆光 著

复旦大学出版社 2013 年 6 月再版

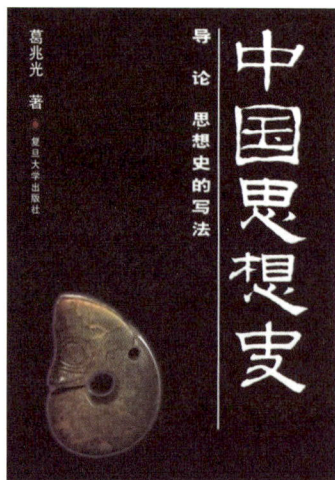

这部《中国思想史》是当代中国人文学界最有价值的学术贡献之一。作者旨在重新梳理历史记忆，重新诠释各个时期主流与非主流思想形成及发展过程。值得注意的是，本书将思想史研究范畴扩展到一般知识领域和信仰世界，所以这不是那种仅仅解读思想精英和经典文本的思想史，而实际存在于普遍生活中的知识与思想亦同样是考察的重点。

基于这种思路，作者打破此类作品的著述成规，广泛搜取边缘性资料，从包括类书、课本、历书、戏曲小说那些"平庸之物"中发掘历史信息，借以认识"思想"的涵盖与辐射。本书还原历史的探求有着极为重要的方法论启示：一方面尽可能利用原生材料；另一方面注重对历史叙述的叙述——因为思想的"历史"本身是一个不断被叙述的过程，所以需要从前人的叙述中揭示被"理性"与"文明"遮蔽的存在，借由剖析"建构"的真义。

　　面对残存的遗迹，浩如烟海的文献与史料，作者在历史迷雾中找寻"指向真实"的史学王国的边界，从思想史的层层累积中发现埋入记忆深处的秘密。

游金梦

骆玉明读古典小说

骆玉明 著

复旦大学出版社 2013 年 6 月初版

这是一部饶有趣味的学术随笔，分别漫说《西游记》、《金瓶梅》和《红楼梦》这三部古典小说。作者用"游戏与幻想、金钱与欲望、爱情之梦"来概括这三部小说的核心内容，是极为精到的见解。作者是影响很大的复旦版《中国文学史》主编之一，对于古代作家所建构的生命空间有着深邃认识，在小说阅读中尤为关注对人性的审视和演示。

作者文笔极好，没有论文腔，也不是教科书式的冗繁陈述。

全书六十余篇短文都是文本细读中产生的话题，譬如《西游记》里神佛世界的组织原则，《金瓶梅》里西门庆的公关危机和权力寻租，《红楼梦》里各色人等命运之"无常"……作者以娓娓道来的笔墨分析人物性格内涵，往往从极细微之处揭示情节背后的寓意；文中不乏种种旁征侧引的考释，更有独具慧眼的论断。过去文学史家对于中国古典小说关注点通常在于版本沿革与本事考证等诸多书外事节，很少能够面对文本作出深度解读，而本书恰以随笔形式道出文学的真义。

爱达或爱欲

〔美〕弗拉基米尔·纳博科夫 著　韦清琦 译

上海文艺出版社 2013 年 10 月初版

这部小说有着太多的不可思议：田园牧歌似的阿尔迪斯庄园，黑潮汹涌的致命海轮之夜，看似黑白不容的两个世界……这两种心境，两般结局，却紧紧地纠缠在一起，甚至就是同一事件的不同镜像。

还能找到更多的对立或对应关系：双胞胎阿卡与玛丽娜，卢塞特与爱达，德蒙与丹，凡与阿卡想象的他的双胞胎兄弟，当然还有男／女，爱情／色欲，甚至纳博科夫还为我们设置了一个双子世界：地界／反地界。

流光溢彩的玄秘背景，狂野错杂的激情叙事，一切都在出其不意的转折之中，就像一副变化莫测的牌局，其间还夹杂着恶作剧般的扭曲与夸张。小说从头到尾都让人叹为观止，似乎存心要炫示作者出神入化的场景处理技巧。这个令人匪夷所思爱情故事有着神话、童话和乌托邦田园诗的表现形态，而倏忽之间又成了家族年鉴、个人回忆录、历史传奇乃或科幻故事，它甚至让人想到博物学档案、心理学讲稿、哲学手记、建筑学诙谐曲、情色画廊以及银幕讽刺剧，等等。

　　这是纳博科夫的巅峰之作，最初于一九六九年出版，当时产生的轰动效应足以与《洛丽塔》比肩。书中的语言、结构、人物以及道德内容都具有深刻的挑战性，曾引发广泛争议。

卷下 弁 语

"学术小品"丛书编辑旨趣

前人治学，讲究义理、考据、辞章。现在看来，三者依然不可或缺。最近十年间，国内文学批评和文艺研究发展迅速，至二十世纪八十年代中期已呈现两大趋势：一则谈问题着眼于所谓大文化的实际背景，不囿于学科樊篱；一则注重文体实验，故文章自身的趣味性，又得以强调。

本社编辑、出版"学术小品"丛书，乃势所驱使，旨在扬厉学术，改善文风，同时兼有普及与提高两方面的愿望。

普及与提高的统一，落实在文章里是趣味性与学术性的结合。编辑者认为，当今理论界于学术性和趣味性的结合上，有所偏失。一些新近问世的学术著作以营构体系，做高头讲章为事，与读书界否隔日甚。前人有曰文章贵在情趣，此言甚善。在目前情况下，倡导学术趣味，而不求诸所谓"系统"

177

或"深度"，未尝不是一种开拓。

这套丛书以文学、艺术为主，也涵纳与此联系的其他文史话题。至于治学方法与著述风格，自然以多样为好。作者学术观点，自是一家之言。是非正谬，见仁见智，读者自辨。

丛书将分辑出版，每辑十种，迤逦相续。区区小品，以期蔚为大观。

一九八八年三月

按："学术小品"系黄育海兄与我共同策划、编辑的一套随笔丛书，第一辑有金克木《燕口拾泥》、徐梵澄《异学杂著》、黄子平《文学的意思》等十种，第二辑有葛兆光《门外谈禅》、夏晓虹《诗界十记》、黄梅《女人和小说》等九种，由浙江文艺出版社于1988年7月、1991年9月出版，后于1997年4月重印其中十种。

《心史丛刊》本书说明

孟森先生所著《心史丛刊》，考述明末清初事案人物，究实释疑，举引详确，致有发明，向为明清史研究者所推重。孟氏另有专著《明史讲义》、《清史讲义》（此二种中华书局本合为《明清史讲义》）、《满洲开国史》和《清初三大疑案考》等，亦皆从考据故实中把握史脉。作为史学家，孟氏显然具有超越前人之眼光，但是他实际所采用的方法，大抵不离中国传统史学之门径。如今察之，这一点不能不让人深思。

孟氏经历亦颇令人好奇。他生于一八六九年，名森，字莼孙，别号心史，江苏武进人。清末廪生出身。一九〇一年（光绪二十七年），三十一岁时，留洋日本学习法律。据说他最早的著作就是一本《法学通论》。一九〇五年返国，曾随郑孝胥等政客游幕四方。一九〇八年任《东方杂志》编辑，仍周旋于政界、实业界。民初，一度为国会众议员。袁世凯解散国会后才抛弃政治活动，专力治史。曾先后在南京大学、北京大学等校讲授明清史。一九三七年"七七"事变后，他留守北大，因忧愤成疾，是年冬日病殁。算来，孟氏潜心学术之日，已届四秩开外。晚成之器，不亦大乎！也许，早年对社会政治的观察，亦确有助于日后的学术思维，使他形成了自己独到的史识。比如，他论及明清士大夫之短长，实着眼于不同学术和文化氛围所养成之人格精神。晚近几十年里，史学家像他这样看问题的似乎不多。

《心史丛刊》自一九一六年起陆续出版过三集，均系作者委托商务印书馆代印。至一九三六年，作者又将三集合为一册，交由大东书局出版。去年辽宁教育出版社拟重印此书，作为"新世纪万有文库"之一种，主事者嘱我为之校读一遍。因为此书早有岳麓书社的标点本，而中华书局版孟著《明清史论著集刊》及续编也将其篇目大体辑录在内，故皆取之参校。两下比较，倒是岳麓的本子优于《集刊》及续编，后者整理、标点工作相对马虎，如多有正文与引文错窜之例，亦有删改原文之处。我一向信赖中华的版本，读之大觉意外。

一九九六年九月十三日

按：《心史丛刊》，孟森著，列入"新世纪万有文库"第二辑，辽宁教育出版社 1998 年 3 月出版。

"今人书话"丛书弁语

谈书的文字古已有之，此者如今归之"书话"，而古时多属目录校雠之学。汉代刘向父子受命校书秘府，著为《别录》、《七略》，其后班固据以纂成《汉书·艺文志》，此乃官修书目和史志书目之开端。三国两晋而下，迭更丧乱，而图籍著录屡代不废。如郑默之《中经》，荀勖之《新簿》，皆有创获。唐初修《隋书》，有《经籍志》之作，玄宗时又有《群书四部录》，至此官修书目已蔚为大观。私撰目录肇始于南朝齐梁间，王俭撰《七志》，阮孝绪撰《七录》，总集众家名簿，补苴官目之缺，堪为书林佳话。王、阮志录群书，非仅津逮来学，更以唯书是癖之雅趣启染后世文人。延至宋代，私家刻书、藏书风气大盛，各种书目著录相率而出，亦为一代雅事。举其要者，首推晁

公武《郡斋读书志》、陈振孙《直斋书录解题》二志。其后明清两代，书海泛滥，此类著录便是不胜枚举。而书目之外，至此又有书跋集录一路，如毛晋《隐湖书跋》、钱曾《读书敏求记》、王士祯《渔洋书跋》等等，较之前者更见读书人之心得和情趣。

由志目而为题跋，而为近之书话，著述体裁之递相嬗变，盖因风气所使，古今文人心性不同耳。古人著录图籍，以"辨章学术，考镜源流"为要旨，唯于版本、目录一节用功良多。近世以来，文人觉于时势，书里书外，触处皆是文章，故援笔之际，或于义理辞章道及风俗人心，或由掌故佚闻寻绎精神趣味，论列书事亦多有感而言，缘事而发。近人叶德辉撰《书林清话》，虽云旨在考述刻书源流与校勘家掌故，字里行间亦自有传薪之意，又痛慨"秦火胡灰之厄"，心事意气在在可见。《书林清话》之前，有叶氏族人叶昌炽《藏书纪事诗》一作，裒录藏书家遗事，亦未尽是书斋之语。此二书，自书目、题跋之外另辟一途，可谓书外言书，文字式样显然更趋自由。如今"书话"之体，通常以为由清人书跋发展而来，其实叶昌炽、叶德辉这类摭谈诸般书事之文字亦是一处来源。唐弢先生在其《书话》初版自序中说过，他本人的书话写作就汲取了《书林清话》的一些特点。不唯其一者，但看二十世纪三四十年代出现的许多书话，像阿英、郑振铎、周越然诸先生的作品，都是兼具前人书跋和书事笔记性质。至于今人之书话作品，则又不同于前人，其中版本目录色彩愈益减褪，而更为注重书里书外之掌故、事略、情致、意境等等，且不乏针砭时弊之笔。读书人掩卷思道，抚今追昔，激扬文字，厥有斐篇。此者见性见情，更见时贤用世之心。

自八十年代后期以来，书话之作大行其道，与日渐繁盛之学术随笔互相辉映，已是一种引人瞩目的文化景观。当然，今人书话仍还不同于一般的学者散文，较之后者它含有更加浓厚的书卷气息，大体不离书本或书人书事。在出版事业日益繁荣、书籍流布十分便利之今日，此类文字备受读者欢迎亦自必然。其实，书话之风靡今日，亦正体现了学术文化由书斋弥散社会，由学者播于民众的现代精神走向。

浙江人民出版社向以繁荣学术、积累文化为己任，于书林诸事亦多有用心，以往曾出版《两浙著述考》、《浙江藏书楼》等书，为读书界所看重。今届，该社又拟系统出版今人书话，委托我辈策划其事。我辈不才，幸赖海内学者书人鼎力相助，俯仰之间已初具规模，且精华所聚，可读可赏，或可谓之今世之书林佳话也欤。

一九九七年六月

按："今人书话"丛书，我应邀参与策划与编辑，丛书凡十二种，有葛兆光《作壁上观》、陈平原《漫卷诗书》、葛剑雄《天地玄黄》等，浙江人民出版社 1997 年 7 月出版。

《梁启超书话》叙略

在清末民初的知识界，论学问，梁启超未称第一流，论作为，此人影响甚巨。戊戌百日之事，虽败而声动天下，乃有二十年风云际会。梁氏登车揽辔，屡挫屡起。先是，追随康有为，聚徒授学。维新之际，煽动舆论，奔走甚力。以后鼓吹宪政，组织政党，又为研究系掌门人。既以政治为己任，学问一途则不无滞碍。然而，梁氏以学者身分预事，其影响当日政局乃至近世中国文化发展方向之锐力，不在其他，仍在学术。此即读书人之知识关怀。所以，总结梁氏一生之事业，亦无外于读书致用四字。

所以，了解梁启超其人，亦不妨从其读书入手。

中国的读书人向来讲求"用世"，可是轮到他们参与治国平天下的机会不多，历史的机会似乎并不留存在卷帙浩繁的经史义例之中。此事想来原因复杂，未是三言两语所能括尽。若是简单说来，读书是否得法，大抵也是一个问题。自汉初叔孙通制定礼仪，董仲舒上书武帝推明儒术，孔子"苟有用者"的命题居然有了一个成功的范例，于是两千年来读书人就认定了汉儒的那套招数，那套知识结构。隋唐以下开科取士，帖括试题大抵不出当年汉儒诵习的那些经籍，莘莘学子大多被它牵着走，从那些被历史尘封的题目中去寻求济世之道。这情形实属荒唐，却一直延续到清季。

当然，自有少数读书人产生过怀疑。宋人的义理之辩多少出于某种精神危机，这跟汉儒纯以门户相见不同。迄乎明末清初，先进的读书人终于发觉半生苦读的学问不管用了。天下大势已非昔比，道咸以降，了无生气的中华帝国日益沉沦，此后一百年竟是祸乱不断。当存亡之际，读书人反观自身，不能不有所检讨。从顾炎武、黄宗羲论学避虚归实，继之颜元、李塨验之于用，到康有为、梁启超鼓吹新学而借以变法改制，近三百年间读书风气可谓与时俱变。其间乾嘉诸儒虽意趣卑唯，而扭转前人空疏之风亦自有一功。近人论及清代学术史者，多有一代不如一代之叹，斯言未善如其实。但说从前士大夫，问钱谷不知，问甲兵不知，唯侈言道德义礼，以为学问。而康、梁之世，学问一事，已非十三经所囊括。学者之路径，之价值目标，既已蜕变，其知识空间亦豁然拓展，举凡声光电化，农矿工商，皆有与焉。一百年前的维新变法虽以失败告终，终究是读书人极其辉煌之一页。以学问推动舆论，引新知变革弊政，中国历史上这等事情实无前例。变法图存，开物成务，非但需要某种历史机缘，亦取决于当事者人格与知识之力量。考察戊戌维新之经验教训，固有种种理路可以寻绎，当日学者读书之道亦自不能忽略。有曰，读书人之心性抱负、学术途径及知识来源，大抵不离其经眼之书。因之，我等受托缀辑"近人书话丛书"，乃以梁启超一种，略示维新人士倡言格物致知、开启民智之读书要旨。

185

是书辑入梁氏各种有关书籍文字一百馀篇（则），包括题跋、札记、序言、演讲、要籍解题和目录学专文等。这些文章不仅显示梁氏博学多闻的阅读兴趣，而且其见识多有发人深省之处。比如，中学与西学之争，至今仍是知识界一大困局，梁氏调和之论则应时因事，良有见地。他倡导西学之同时，深虑中学式微，其间利害权衡，概乎高瞻远瞩。看上去仍是孰体孰用之老生常谈，其实是一个文化归属问题。梁氏之言，精神在在可见，较之后来新派人物独取效用一端，何啻千里万里！

一九九八年二月十四日戊戌变法一百周年之岁

按：《梁启超书话》，绿林书房辑校，此书系"近人书话丛书"之一种，浙江人民出版社 1998 年 7 月出版。我参与丛书部分编辑工作。

"文苑别趣" 丛书总序

　　自从进入工业时代以来，文化人的知识结构一直朝着专业化方向调整，并且愈益走向分工精细的技术定位。现在的一位物理学家，可能一辈子只是矻矻用心于几个彼此相关的课题，譬如某种引力作用或是有关物体质量的理论描述。用专业的观点看，他眼前当然是一个不小的科学领域。实际上，他的研究工作还很可能涉及其他一些复杂的学科。不过，这一切无不囿于某一确定的专业范畴，假如这位物理学家对微生物学发生兴趣，那一定是他的研究工作用得着那里边的什么东西。现代人的知识结构基本上沿袭功能的原则，所以从某种意义上说，专业的理论框架也就成了知识的樊篱。我们知道，欧洲文艺复兴时期，曾经出现像达·芬奇那样横跨各个领域的全才——作为一个画家，却精通生物学和

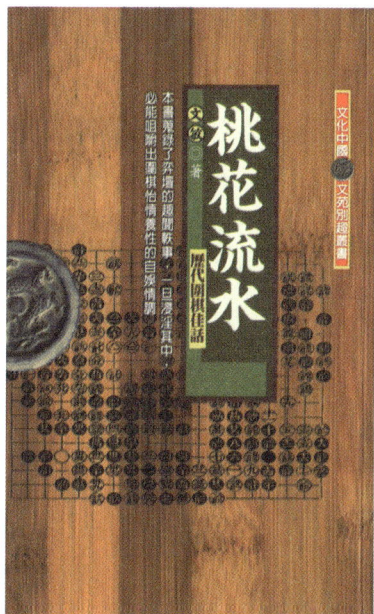

机械工程，甚至还研究过飞行器。这样的人物，现在是没有了。当时，达·芬奇并不是一个孤立的例子。在中国古代，士大夫文人兼通各种知识和技艺亦为常例。秦汉以前，圣贤讲学有"六艺"之说，以礼、乐、射、御、书、数为基本教育内容，可见那时候的读书人不可能专执一端。如果说，"六艺"的提出，最初具有用世之义，那么以后随着时世变迁，其中很大一部分知识内容失去了实用价值，而演化成文人的修养和逸兴。

人们通常认为，古人的博涉兼习是由于缺乏社会分工意识，亦反映着当时知识水准的粗泛。这种看法固然不错，但是忽略了重要的一点，那就是古人有着与今人不同的知识价值观。知识无疑是有用之学，然而其所用者也可以是一种"不用之用"。如从前士大夫文人摆弄琴棋书画、医算星卜诸事，一般说都跟治世用事无关，也无助于他们的功名事业，多半只是娱情养性的题目。像这样一些一些并无明确价值指向的知识和技艺，虽说往往被人视为"小道"、"末技"，事实上却是代代传习，从未被士大夫文人所废弃。对于他们来说，这方面的操习也是一份必要的修养。这种知识价值观，也许不符合功用的原则，然而却符合人性和自然之道。当今，在注重功用和效率的现代化进程中，知识界一再反省那种单维向度的生存目标和价值准则带来的弊端，愈来愈意识到心性和情趣的重要。所以，某些传统的知识价值观亦应引起我们的重视。

我们策划、编辑这套"文苑别趣"丛书，就是基于上述思路，试想通过分类叙谈历代文人的韵迹雅事，从文化情趣上介绍某些传统知识和技艺。按丛书规划，每书专列一事，叙述人物、故事，或阐发妙旨。可以纳入这套丛书的话题很多，比如有音乐、绘画、弈事、医道，乃至图书珍玩、园林花卉、饮食居室等。这些事物现在已成为专门的学问，而在古代或许只是文人旁涉之道，从这一点上倒是可以看出古今文人精神生活之异趣。

按："文苑别趣"丛书，台湾幼狮文化事业公司 1998 年出版。这套丛书是出版方邀约陈星兄和我一起策划，当时只完成了四种，有尚刚《林泉丘壑》、文敏《桃花流水》等。

"海外学者散文" 出版旨趣

对许多国内读者来说，海外华裔学人的散文作品所见不多，开卷自有一种别开生面的阅读效果。如今亲近学者散文已成读书风气，坊间亦看好所谓人文随笔、学术小品，抑或漫谈文化之华彩文章。学者既操散文之笔，其理性与睿智亦随之弥散于世，其议论处或作愤世警世劝世之语或有黍离之慨，激扬鼓荡，自有应合。然而，本社推出之"海外学者散文"丛书不同于平常所见者，由于著者身处异域，文化境遇亦自有别，同样以纯熟汉语写作，他们不像国内学人受制于现代中国之历史语境，而是在普泛的人文理性和知识背景中凸现个人经历之体验。较之国内学者，他们也许少了几分求索的焦灼，多了几分冷静的观照。思想的锐力如果说真正出于自由的思考，即便未能穿透世态，却也直指人心。

所以，我们很乐意将这样的文章推荐给读者诸君。

这套丛书不定种数，不列辑次，已在编辑流程中的五六种将陆续出版发行。今后凡遇海外学人散文佳作，本社亦拟洽购版权，以飨海内同好。

二〇〇〇年八月

按："海外学者散文"丛书，有李欧梵《世纪末的反思》、童元方《水流花静》、章错《琵琶的消息》等五种，浙江人民出版社 2000 年 12 月出版。这是黄育海兄在浙人社时策划的一套丛书，我并未参与编辑工作，只是应嘱写了这篇卷首语。

"名著图典" 编辑旨趣

　　"图书"一词，古已有之。这个词的起源，无论来自河图洛书的古老传说，还是中国史书上有关图籍与文书的合称，大率递述着这样一种传播理念：作为思想和信息的承载物之完美形式，应当是"图"与"文"的结合。显然，人们阅读的兴味不光在于文字魅力，图画、图样、图式之类，历来也是认知和审美的重要手段——这不能不使人想到，一件存世的古代最早的雕版印刷品，便是带有图像的经卷。自印刷术问世以来的一千几百年间，人们一再挑战技术手段的滞碍，对所谓图文并茂的出版物显示出执着的追求，从板刻的绣像，到珂罗版的图片，早年的筚路蓝缕孕育着当今的"读图时代"。一切技术层面上的革命，最终链上了那个遥远的梦想。

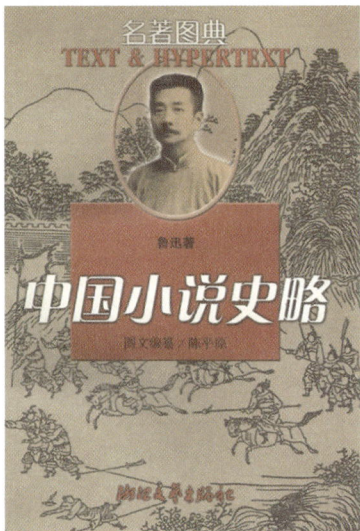

　　其实，读图并不是一种静止的欣赏，如果说文字有着无穷的

想象空间，那么图像也不仅是一种形象的东西，亦能提供思维的逻辑起点。正是出于这种认识，本社策划出版的这套"名著图典"，力求采用比较灵活的编纂形式，使书中的文字与图片能有相互发明之趣，也给读者提供某些想象和思考的路径。图文之间的自由出入，本身就是思维的"链接"，将零散而飘忽的思绪"链接"起来，或许最终能够实现超文本的阅读。这种来之网络页面的阅读方式，固然由于电子技术的推动，但就其接受理念而言，依然源自人们固有的思维习惯和认知本能。这一点，对于历史悠久的纸面出版物来说，同样是一种启示，也同样提供着更新的机会。所以，"名著图典"拟将做出有限的尝试，给读者提供一种略具新意的"图书"。

"名著图典"遴选中外名家作品，不拘体裁、篇幅，皆以原文入书。图片及说明文字由编纂者提供，当然这里不能不带有编纂者本人对文本的体验与感悟。我们相信，面对这种图文之间的话语关系，许多读者会有自己的理解，或许也会想到另一种编纂方式。

二〇〇〇年十月

按："名著图典"系我与舒建华兄策划编辑的一套图文本中外名著，有鲁迅《中国小说史略》、张爱玲《流言》、茨威格《国际象棋的故事》等五种，浙江文艺出版社 2002 年 3 月出版。

《佩德罗·巴拉莫》编辑手记

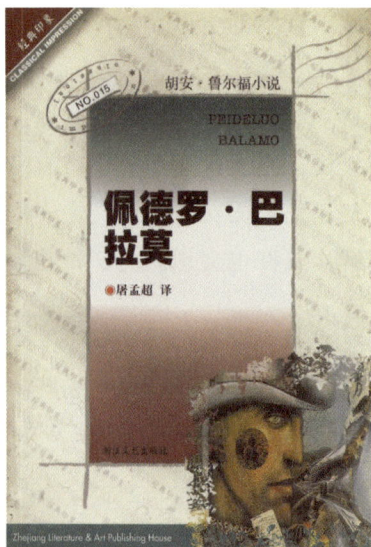

胡安·鲁尔福的叙述毫不拖泥带水，因为他不跟你玩深沉，从来不做形而上学的玄思冥想——二十世纪的小说家里边还很少有人能排拒那种诱惑。完全采用朴实无华的文字来描述自己的故事，绝对是一种自信，因为鲁尔福相信生活本身就浸透着历史与哲学。所以，他就大大咧咧地聊开了从前江湖上的事儿，起义者和流浪汉，圣徒与杀手……那些满目疮痍的土地上映照出墨西哥人的苦难与情感。

当然，如此爽利的叙述风格并不等于一览无余。鲁尔福日常口语般的笔调看似漫不经意，其实里边深埋着拐弯抹角的叙事结构，往往通过梦幻与暗喻，意识流与时空交错，把一个完整的故事打散再又重新拼镶。这样，历史的线索在读者脑子里错综颠倒，若隐若现，甚至生者与死者的界限也模糊了。在最具盛名的中篇小说《佩德罗·巴拉莫》中，那个荒无人烟、鬼魂昼行的科马拉村，便是通过生与死的对话营造的场景，迷离惝恍的魔幻气氛在这里展现了无穷的艺术蕴藉。

评论界有人把胡安·鲁尔福称作拉美魔幻现实主义文学的先驱者，也有人不同意这个说法，这都不是什么要紧的事儿。但是，你要是读过《佩德罗·巴拉莫》，恐怕不能不相信，大名鼎鼎的马尔克斯写《百年孤独》时，多少也受到这部作品的影响。

按：《佩德罗·巴拉莫》，〔墨西哥〕胡安·鲁尔福著，屠孟超译，浙江文艺出版社 2001 年 8 月出版。此为曹洁女士策划的"经典印象"丛书之一种。我并未参与这套丛书的编辑工作，只是写了二三十篇这样的卷首语。

"边缘书库"总序

　　这套丛书选收的作家作品大多具有海派风格或唯美倾向，个人化、感觉化和物质化的审美情调是这些文字的共同特点，一切生趣盎然的细节悉归城市与人。如果说，这算是大半个世纪之前的"小资"和"愤青"们的心迹表露，那么它便涵括了中国新文学个性成长的一个阶段。

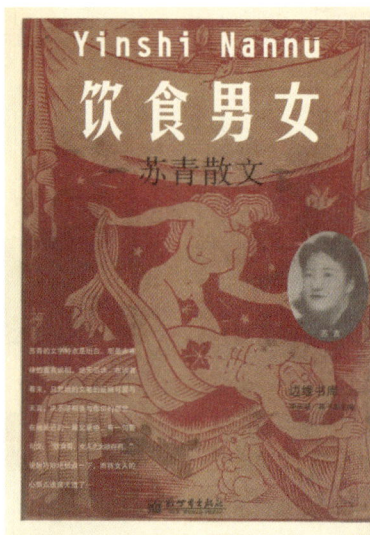

　　其实，中国新文学的第一个关键词是"人"字，鲁迅的"立人"之论早已人所皆知，其谓"改造国民性"亦着眼于此。周作人早年也在文章里说道："我想现在讲文艺，第一重要是'个人的解放'，其余的主义可以随便。"（《文艺的讨论》）倡言"个人的解放"，以挑战封建宗法制度为核心的旧文化，是二十世纪前半期中国文学的基本精神。然而，十年树木，百年树人，人的问题上竟是麻烦多多。在"五四"的历史语境中，"个人的解放"跟"改造国民性"几乎相为表里，都是着眼于"立人"之论。不过，"立人"的手段与目标终究有所不同，就后来的文学发展来看，二者非但渐行渐远，且渐成阋墙之局。

从二十世纪二十年代中期到三十年代初，充满个性呻吟的创作不在少数，那些焦灼与苦闷多少表现了人性的觉醒，但比之鲁迅、沈从文那些巨匠，此辈精神视野毕竟显得狭仄。像早期创造社和太阳社演绎的"革命的罗曼谛克"，哼哼唧唧地将个人主义链接到理想主义上头，这般"个人的解放"较之"改造国民性"一说已扯开距离。也许，二者区别在于对象之内涵不同，也就是"人"之本位在个人还是民众。鲁迅显然把后者看得重要，故观照并不囿于自身，他的创作中即便最具孤愤色彩的《野草》亦非自我挣扎的写照。像他这样的作家从不缺乏个性，而是背负着民族的历史与苦难。可是这不免发生问题——文学倘是"遵命"于个体精神之外的某个目标，难免要被整合到那种事业之中，乃于作家个人意志多有碍处，这便是个性与公共性之间的精神矛盾。鲁迅晚年跟"左联"的龃龉就是这般光景，碰来碰去是"两间馀一卒"的局面，盖因"人"的问题上价值理念之二元性。

从某种意义上说，真正能够率性而至的是张爱玲那类作家，因为她（他）们的艺术视线很少越过世俗人生的边际进入公共领域，有意无意地避开了历史、文化和道德传统的规束。所以，她（他）们的笔墨尽可从饮食男女的日常起居中完成自适己意的审美观照，想象力有余裕之时或者做些倾国倾城的传奇文章。从物质生活中发现生活，从人性的黑暗中感受黑暗，如此张扬个性的手段确是对"五四"话语作出的一种反拨。当然，这有其历史机缘，张爱玲之辈出道时上海已是一座文学上的"孤岛"——三十年代的左翼文学已经淡出江湖，而根据地和大后方的声音还传不过来。在沦陷的上海，没有主义和口号，也没有意识形态制约，身边的一切已跟农业社会的传统习俗大相径庭……毫无疑问，正是这种社会的"失语"状态开启了文学回归自我的历程，张爱玲正好由着自己的心性去成长。不过严格地说来，张爱玲之前，富于现代色彩的文学个性已经开始在都市背景中萌发，如施蛰存、穆时英、刘呐鸥等人的创作便是明证。总之，三十年代中期至整个四十年代，麇集上海的都市作家群小打小闹地创造了自己的摩登神话，用个人感觉化的笔触编织着新文学进程中的另一套文本系统。如果开列一张作家名单，除了张爱玲和上边提到的几位，其中该有邵洵美、叶灵凤、叶鼎洛、卜乃夫（无名氏）、苏青、潘柳黛等等，那里边有当日的文学新人，也有落单的左翼作家。不过，有意思的是，这些人虽说占了上海这般中心城市，但是在文学上总是处于边缘地位。一者由于情调比较出位，另者也可能过于超前——其实许多应运而生的东西且有生不逢时的一面，他们笔下的都市风景跟当日中国的世道人心确实隔着很远。放开眼光去看，"五四"的历史合理性毋庸置疑，中国新文学的宏大叙事只能以"唤起民众"和"改造国民性"为大任。先行者的激情既已投向广袤而贫穷的乡村中国，可想而知，文学的首义便不再是个性诉求，而是如何将作家的艺术情趣纳入具有启蒙与救亡双重意义的革命话语体系。

　　然而，面对这样一段从"呐喊"到"失语"的边缘化过程，后来的人们不能不发生解读的兴趣，半个多世纪以后重新审视那种据说具有"现代性"（Modernity）的美学动机，其中多有耐人寻味之处。譬如，这些"边缘"作家对鸳蝴派一类俗文学的重视与借鉴，究竟是作为一种反拨的手段，还是要从物质化的世俗层面定义人性与情感之类，便是一个值得深究的课题。就传统的文学史定位而言，他们那种珍重自我的表达方式，那种寻找都市感觉的文人心愫，也许都显得无足轻重，绝对是主流文学以外的异数，可是其中分明有着主流文学不曾包容的价值取向和艺术手段。也许正是由于这一点——未被正典化的历史命运，使得这些作品至今依然显示出某种前卫性和文化价值。在今天的现实语境中，历史似乎经历着一种戏谑性回归，处于城市化和全球化浪潮中的人们若是同样面临"失语"的困惑（抑或解脱），总归也能从这些老故事里边找到新的感觉。

二〇〇三年三月十日

按："边缘书库"是程德培兄策划的一套现代文学丛书，记得第一种是苏青散文《饮食男女》，新世界出版社 2003 年 4 月出版。当时我和陈子善先生参与过一些意见，这篇序言由我执笔，与子善共同署名。

《大学语文新读本》前言

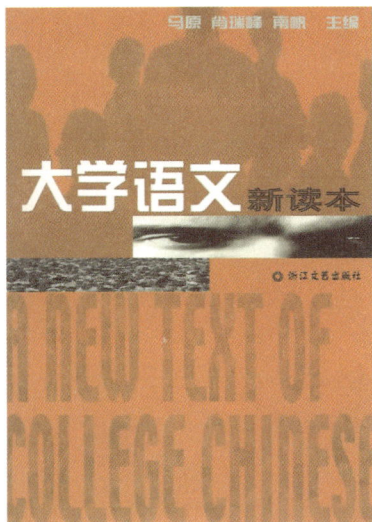

大学语文列入高等院校公共课程历时已久，其重要性自不待言，但具体说到教学旨趣至今仍是言人人殊，所以不同版本的《大学语文》便有不同编法，从体例到选文内容都大相径庭。概而言之，以下两种情形乃通常所见：一类是着眼于文章学，即从基础文体入手，偏重章句表达，显然以培养学生读写能力为教学目的，这是强调语文工具性的思路；相反则有彰扬文学的一类，选文纯按文学史脉络编排，有点像中文专业作品选读课程的压缩版，内容基本是中国古代文学。这些编法也许是优劣互见，从编纂者的苦心孤诣中可以体会到截然不同的教学理念。然而，从另一方面来说，这种教学思想的不定型，教材编纂的开放性，都足以证明大学语文这门课程历久愈新的内在活力。

本书的编纂工作无疑吸取了各种同类教材的有益经验，先行者的筚路蓝缕提供了无须绕行的捷径，这使得我们有可能把事情做得更好。作为一本大学公共课教材，以我们的想法，一方面应摆脱中学语文教学思路，另一方面则不必采取某种过于专业化的定位。大学语文课程设置的目的究竟是什么，也许很难完全形成一致的意见。不过，我们认为对教学对象来说，这种带有素质教育性质的公共课并非求其实用，其目标不妨定位于：增强文学修养，拓宽人文视野，改善知识结构，培养形象思维能力等等。所以，这本《大学语文新读本》的编纂设想中包含以下教学理念：

　　——把文学教育提升为大学生必具的学养层面，以提高人文修养和美感认识取代传统语文教学的工具性目标。

　　——注重阅读指导，通过对各种文本的解读使学生积累审美经验和语言感觉，并能初步认识文学的基本原理。

　　——突破按文学史框架编排的偏于专业性的思路，通过熟悉各类文学文体让学生能够从总体层面上把握知识脉络。

　　——强调不同文化背景和知识体系的区分和对应，而具体着眼点则在于各各相异或者异中有同的作品形态。

　　自二十世纪后期以来，人类已步入不可逆转的全球化进程，在文化的多元交流与碰撞的历史语境下，新一代的大学生须有一个新的人文视窗。基于这一前提，这个新读本的选文标准较多地考虑到文化的多样性和现代性。也就是说，这里辑选的课文既要顾及语言文学在世界范围内的多样化存在，也考虑着其中蕴涵的现代新质和探索精神。当然，中国传统的语言、文学和文化知识仍是这门课程的重要组成部分，传统与现代的交汇、融合同样也决定着当今世界的文化走向。

　　所以，本书按上下两编列目。上编"中国语言文学传统"，选文范围从先秦至清代，与课文相对应的是一个相对封闭、自主的文化进程，递述着悠久绵长的历史文脉；下编"新文化与世界文学"，以"五四"以来新文化、新文学的成长眼光遴选中外作品，相比传统的文章学，这里或许带有某种"彼岸性"，但是不能不看到，一百年来中外文化的碰撞、交融已将我们推置"世界文学"的同一语境。我们考虑，作为大学语文读本不可能也不必完全照应中外文学史脉络，故本书只是在大框架上给出"史"的坐标，各编之内则以文体为单元，这有编排上的方便，多少也有强调作品存在形态的意思。从经验的意义上说，这个新读本之"新"也是多方借鉴、推陈出新的结果。我们赞同将文学作为大学语文的基本载体的思路，但公共课程自有开拓知识视野的要求，这提醒我们避免流于偏狭的专业化。

本书的编纂有意结合"教学"与"自学"两项功能，课文设置与通常教学课时之间留有伸缩的余地，除了通过课堂教学引导学生进行精读，一部分选文亦可作教学课时以外学生泛读材料。按常例应在目录上对不同要求的课文示以区别，但实际上这些区分完全可由授课教师自行掌握，给教师留有选择的空间显然更有利于因材施教，所以这里就省去了那种越俎代庖的想法。

面对一项探索新路的教材工程，我们尚缺少应付裕如的编纂经验，这个新读本难免存在未尽如人意之处，恳望使用本书的教师、学生和各方面的专家学者提供宝贵意见，以使我们不断加以改进。

《大学语文新读本》编委会 浙江文艺出版社

按：《大学语文新读本》，马原、肖瑞峰、南帆主编，浙江文艺出版社 2004 年 3 月出版。

《八堂课》编辑手记

写法怪异的作家很多，但是很少有人像库切这样每部作品都要变换叙述套路。跟他以前的小说相比，二〇〇三年完成的《伊丽莎白·科斯特洛：八堂课》则完全是另一种实验文本，看上去很像一部思辨录，可是人物关系和人物本身的话语层次又极为丰富。这部别出心裁的复调小说早晚会成为文本研究的一项重要课题，当然那是派给学者们的差事，对于大多数读者来说，倒是不妨跟着库切的人物去体验那种悲凉心境——当主人公与世人周旋之际，你差不多也能发现当下生活的精神陷阱。

库切这回的主人公是一位年近七旬的女作家，名叫伊丽莎白的澳大利亚人，东西不多却很有影响，这有点像库切本人。也许，你可以把伊丽莎白视为库切的部分替身，确实有许多因素给人这种暗示，包括早年的欧洲经历，作为作家在英语世界中的边

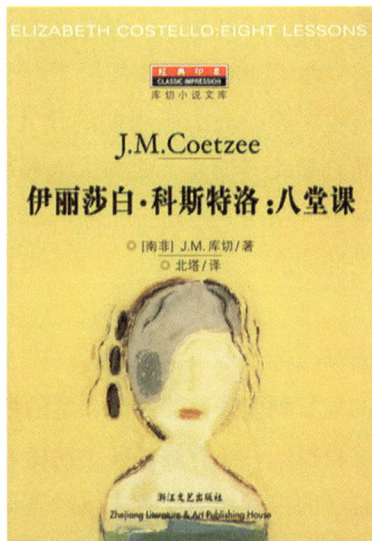

缘身份，以及对西方基督教主流文化所持相似的批判态度，等等。但是千万别把她当作库切本人，别说性别不同年龄也差一截，关键是作者和他塑造的人物总归是一种不对称的关系，比起故事之中的她，库切据有巴赫金所说的作者的"外在立场"（exotopie），这使得他对世界的观察比她更透彻，看法上也更有分寸。库切的策略是让伊丽莎白去替他嚷嚷，让她去面对驳诘、冷落和各种尴尬场面，借着女作家那份偏执劲儿，库切毫无忌顾地将自己对理性的批判引向较为极端的方向。这一来抛头露面的伊丽莎白让他玩残了，既然被推到"看"与"被看"的双重境地，那么她既是一个火力点也成了被攻击的标靶，她得为自己寻找立足的思想空间，甚至不得不从记忆的帏幕后边揭开最隐秘的人生经验——比如用性的仪式来抚慰垂死的菲利普老头那些事儿。如此"博爱"之举大大超越了理性的禁忌，会不会成为心中的一个窟窿？连她自己都不禁嘀咕掉进这窟窿里是不是走向堕落的开始。

可以看出，书中布满了精心设计的对话关系。伊丽莎白在不同场合有着不同的对话者，像女主持人苏姗·莫比乌斯，游轮上的尼日利亚作家艾古度，她的姐姐修女布兰奇，还有阿波尔顿学院教授们，还有她的儿子约翰和儿媳诺玛，都从不同的立场发出自己的声音。即便有人沉默不语，也是一种声音。有这样一个插曲，伊丽莎白在阿姆斯特丹要的演讲是批评文学作品对暴行的过度描述（她认为那会损害心灵），巧的是在那儿偏偏遇上她要作为反例举证的一位作家，她心怀善意去找对方做一番说明，可人家听完偏是一声不吭。不能沟通的心灵发生了碰撞，这给伊丽莎白造成了无所适从的心理震荡。那位名叫保罗·威斯特的作家有什么不对呢，难道真相不应该被再现吗？她有时也会从对方的立场来校验自己。库切让伊丽莎白说出自己想说的话，可是他并不袒护自己的代言人，在许多时候读者会觉得对方的说辞也很有道理。伊丽莎白在阿波尔顿学院所作的尊重动物生命的演讲让许多人感到不快，诺玛甚至把她的言论视为话语权力的运作，而读者也会顺着这种思路想开去：那种强加于食肉者的罪恶感是否也将引向对公众权利的褫夺？诺玛显然不是作为某种陪衬而出现，这种自在的声音不是作为客体而是另一个主体，是一种他者的"我"。同样，伊丽莎白和她姐姐布兰奇的各说各调亦在对立中形成了叙述的张力，姐妹俩关于耶稣和希腊人的争议饶有哲趣——祖鲁人的贫穷百姓需要什么样的精神抚慰？是痛苦的耶稣还是生机勃勃的希腊人形象？作为一位特里萨嬷嬷式的人物，布兰奇对自己脚下这片土地自然有着更深切的了解，她知道人们需要的是某个像他们一样受苦受难、能够帮他们背负十字架的人。一种非常现实的态度。然而，非洲的穷人难道就该永远笼罩在愁苦的阴云之中？伊丽莎白受不了这个。她永远在为理想而争辩，走到哪儿都会弄得举座不欢，到头来自己也不爽。无奈中她痛苦地诘问自己："其他所有的人都跟生活妥协了，为什么你就不能？"她也想过，自己是不是疯了？

也许这会被人视为一部借人物之口直接表达思想的小说，犹如狄德罗的《拉摩的侄儿》一路，但是真正的区别在于：被前人写进文学史的所有那类作品，没有一部在艺术上能达到库切的高度。正是由于作者在叙事圈套上玩了一手，以及叙述语式和细节处理上的苦心孤诣，《伊丽莎白·科斯特洛：八堂课》恰恰不是那种纯以思想取胜的东西。作为学者和思想者的库切，比其他那些也玩过小说的饱学之士更懂得这样一个道理：小说表达思想的方式是叙述而不是论述，是叙述的方式决定了思想的存在。小说头一章里，伊丽莎白参加颁奖活动时，有记者请她谈谈自己"主要的思想是什么"，她上来跟人家兜圈子，"我的思想？我有义务带来思想吗？"这也许正是库切的自我警示。库切给读者带来的不是思想本身，而是思想的存在方式，譬如某种现象、事件、问题、范畴等等，以及这中间的话语关系，当然也有日常生活的鸡毛蒜皮——当然不能说尽是鸡毛蒜皮。他让伊丽莎白跟别人惹起一场场争论，那所有的事端的背后都有他充满睿智的目光，显然问题不在于孰是孰非，而是将灵魂带向何处。穿堂入室，推牖揽月，库切颇有涵容的叙述处处显示出美学上的分寸。

在"众声喧哗"之中，伊丽莎白一步步被逼入思想的死角，或者说走入了这样一个思想的怪圈：是文学的力量把她引向对人的关爱，可是拿这种关爱去影响世界却又显得无能为力。所以她不能不这么想："假如她必须在讲故事和做好事之间做出选择，那么她相信自己宁愿选择去做好事。"文学的信念到这时终于崩溃。小说最后一章是类似地狱审判的寓言，伊丽莎白在那种卡夫卡式的场景中陷入绝望。文学是否应听从真实的召唤，作家怎样做社会的书记员，以及心灵与思想、信仰的关系等等，成了审判和听证的内容。这一章标题就叫"在门口"，那扇紧闭的大门似乎专为伊丽莎白一人而设，她过不了这道关，因为她将文学视为通向真理之途。然而，此处并非真理所在，也许事情正如理论家托多洛夫所说，"小说的叙述并不像历史的叙述那样向往客观真理，迈进这扇大门是徒劳无益的。"（《批评的批评》）

也许她真是疯了。不是在卡夫卡的场景中陷入绝望，而在绝望中陷入卡夫卡的场景。

按：《伊丽莎白·科斯特洛：八堂课》，〔南非〕J. M. 库切著，北塔译，浙江文艺出版社 2004 年 3 月出版。

《男孩》编辑手记

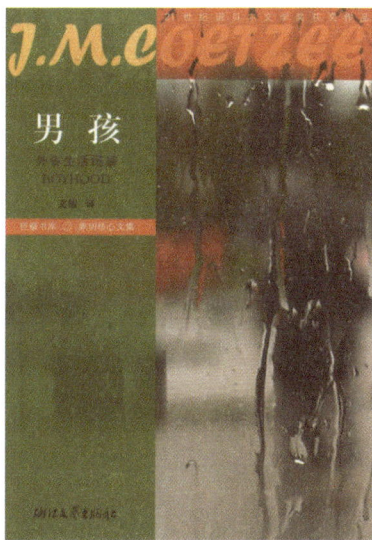

库切的自传体小说《男孩》和《青春》是两部各自独立而互有关联的作品，前者叙写主人公十岁至十三岁时在南非的孩童生活，后者是他大学毕业后到伦敦谋职的一段经历。《男孩》结束之前主人公跨入了中学校门，而《青春》开篇之际则是大学生活的尾声了，两者之间略去了一段很重要的人生经历。何以闪开偌大一个空档，这事情颇费猜详。

《青春》中译本已于二〇〇四年先期推出，书名的副标题"外省生活场景之二"（Scenes from Provincial Life Ⅱ）曾使一些读者疑惑不解——作者将自己闯荡伦敦的经历称作"外省生活"，其心目中的中心之域莫非就是南非开普敦？倘作此解，说来就更加令人困惑，一个来自殖民地的青年人尚有这般倨傲心态，似乎比较离谱。不过，《男孩》作为《青春》前传，其副标题作"外省生活场景"（Scenes from Provincial Life）则不难理解，因为书中故事背景主要是在一个叫作伍斯特的小城。相对作为南非首善之区的开普敦，那地方一切都显得荒蛮而粗鄙，亦颇符合 Provincial 一词的表述。但是联系本书的叙述内容，其修辞的含义也并非那么简单，对于主人公约翰的人生经验来说，Provincial 至少还另有一种指向，那就是英格兰文化的化外之邦。

作为荷兰裔南非人（即"阿非利堪人"），主人公一家偏偏倾心于英伦文化习俗，这一点颇为特别。也许是约翰一家曾久居开普敦的关系——自一八〇六年英国人占领开普敦之后，那儿一切都打上了不列颠帝国的烙印；也许是英格兰文化比阿非利堪文化更为"先进"或更为强势，更容易成为一些白人中产阶级的精神皈依。反正，约翰自幼接受英式教育，向往英国文化的高雅之境，亟欲跻身英国人的生活圈子。从《男孩》到《青春》，这是一以贯之的心理线索。当然，像他这样的"假英裔男孩"（false English boy）早晚要遭遇人生的尴尬。约翰后来在伦敦的几年终于使他明白了一个道理，像他这样怀着朝觐心意来欧洲寻梦的殖民地青年，在充满矫饰的精英文化面前将永远不得其门而入。反过来说，那种被称之"高雅"的玩意儿也永远摆脱不了种族、籍贯、血统和等级制度的话语纠缠。即便成了 IBM 伦敦分公司的白领，在大英帝国的臣民眼里看来，他身上也还残留着"殖民地的傻气"。伦敦生活之于他，说到底还是一种"外省生活"（这自然是精神生活的定义），这就不难理解 Provincial 一词睥睨尘俗的精英话语特点。

这简直是让人涮了一把。难怪库切成了诺贝尔文学奖得主后，在风光无限的受奖演说中，一上来就开扯英格兰的"囮鸭"如何将荷兰、德国（那是阿非利堪人的故家）同类诱入彀中的寓言——终于轮到他拿英国人开涮了。可是，不管怎么说，库切本人（或者故事里的约翰）总归是在英格兰文化浸润中成长的，不

208

列颠帝国的人文历史给他教益多多，无数优秀的英语文学典籍更是给他铺就了颇富涵容的心灵之途。在那篇题为《他和他的人》的受奖演说词中，他追溯第三世界英语写作与殖民文化的关系之后，转而充满自豪地宣布：如今"他们像两艘驶往相反方向的船，一艘往西，一艘往东"。这番富于诗意的表述实在耐人寻味，即使讽喻之间也未免流露出对英国文化的复杂情感。值得注意的是，作为批判的武器，其思想资源恰恰全都来自英国的历史和文学典故。

文化反省不一定产生于成熟的心灵，然而能够让人反躬自省的必是一种成熟的文化。当少年约翰俨然以为自己是英裔孩子时，还是难免要掂量英国人的是非优劣，譬如英国人说阿非利堪语时那种扬起眉毛目空一切的夸张神态就让他讨厌不已。他喜欢英国人的军纪严明，喜欢英国军队奏着风笛视死如归地迈向阵前的雄姿，却认为布尔战争中的英国将领全是恶贯满盈的坏蛋。这种孩子气的判断也许缺少理性的支撑，却并不掺杂世俗的偏见。对于生活在白人社区的约翰来说，种族矛盾并非只是出于肤色差异，其实他每日每时感受到的多是白人之间的怨恨。南非的历史如果说始于白人殖民主义者的占领，那么此后很长时间里占领者之间的冲突成了社会动荡的重头戏——英国人与阿非利堪人曾在一百年里打得昏天黑地。纵然教科书上的讳笔总让人一头雾水，早年的一切已变得混沌暗昧，现实生活依然在每一个细节上复制着历史记忆。

面对人生，甚至在日常事务中，这位"假英裔男孩"的行为选择变得困难了。他尽管不喜欢阿非利堪人暴戾而粗鄙的性格，在所有涉及文明形态的事物上都偏好英国人的取向，可是想到日后的生存，想到生命的归属，却偏偏迷恋起阿非利堪人的农牧生活，伯父一家在卡鲁盆地的农庄就是那个梦想的天堂。书中用不小的篇幅描述了那个名叫百鸟喷泉的农庄，那儿的狩猎、宰牲、剪羊毛和节日派对都让他倍感欣喜——照阿非利堪人自己的说法，那种自然淳朴、自给自足的生存之道堪比圣经《旧约》所记载的希伯来人的生活方式。然而，他清楚地知道，尽管自己属于农庄，而农庄却不可能接纳像他这样一个自以为是英国人的孩子。同样，他也想到过另一个问题：在成为真正的英国人之前，自己无法逾越其中最关键的考验。而奇怪的是，在他心底里，还暗藏着要成为一个伟人的抱负。

在交织着不同文化、不同种族和宗教背景的生存环境中，一个阿非利堪家庭出身的说英语的男孩，不可避免地被什么东西撕扯着，拉拽着……

关于这个男孩的故事还涉及其家庭的种种变故。老爸老妈秉性不同，角色各异，只是谁也没法主宰自己的命运。还有可怜而执着的安妮阿姨，她让约翰见识了人生的无奈。这里所有的情节都带有天真而阴郁的色彩，且充满奇奇怪怪的幻想，然而这一切细琐之处背后却有着宏大的叙事意图。通过一个小男孩，一个普通的中产家庭，见证殖民者的文化帝国主义给南非社会播下冲突的祸根——库切借此铺衍本书的悲剧性语境，透过主人公内心的困惑，世事艰难的老生常谈出人意料地演绎出一套全新话语。

按：《男孩》，〔南非〕J. M. 库切著，文敏译，浙江文艺出版社 2006 年 4 月初版。

《博尔赫斯小说集》编辑手记

　　博尔赫斯仅以短篇小说跻身叙事大师之列，这样的作家整个二十世纪数不出几位，除他之外大概只是鲁迅和巴别尔。通常说，在几乎由商业出版主导的文学世代，像短篇小说这种比较纯粹的文学形式颇难进入大众视野，但是对于真正的高手来说这不算什么障碍。博尔赫斯一生只写了七十个短篇，却拥有最多的西班牙语读者，而且更将整个世界带入自己的故事迷宫。

　　要讲艺术风格，博尔赫斯跟鲁迅、巴别尔大相径庭。如果说后二者是以焦灼的眼光来审视世界，那么博尔赫斯倒分明凸现一种玩味人生的意趣。

　　博尔赫斯自己说过，他写的故事"旨在给人以消遣和感动，不在醒世劝化"（《〈布罗迪报告〉序言》），这话有点半真半假，他极富智慧和性情的作品充满匪夷所思的幻想，却也总是直指人心。譬如，在《南方》、《马可福音》、《第三者》那些

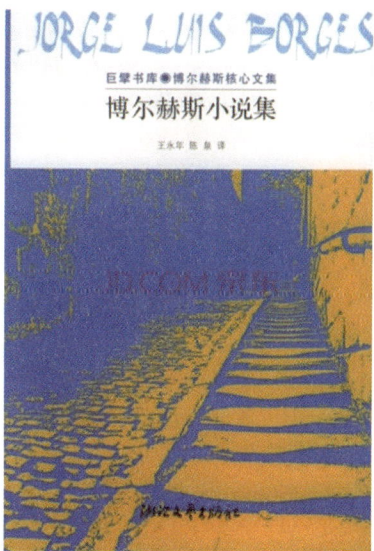

作者自己最得意的故事中，叙述的法则往往就是精神与现实的错位，多半是顽冥不化的什么东西把人逼到了死角。大作家注定要完成探讨命运的使命，调侃也好，悲悯也好，其心中自有承载。

博尔赫斯是最具颠覆性的叙述者，对传说或是见诸记载的人物、事件进行"重述"是他驾轻就熟的惯用手法，照他自己说就是"篡改和歪曲别人的故事"（《〈恶棍列传〉1954年版序言》）。他用这种方式演绎事物的诸多可能，以表现这个世界的多姿多彩和多灾多难，于是时空的多维关系和现实的多重构成往往就呈现为迷宫式的画卷。"迷宫"和"镜子"是博尔赫斯小说里常用的意象，那些接连分岔的路径和多重折射的镜像似乎让人联想到卡夫卡的无限之意，但这里完全没有那种难以忍受的延宕，倒是花样迭出的变数叫你应接不暇。

颠覆并不只是"重述"，博尔赫斯笔下更有别的套路，譬如《刀疤》以人称转换颠倒英雄与叛徒的身份，譬如《马可福音》中那个自由思想者竟播撒了造神之愿……这些反向逆求的手法不只使作品凭添几分阅读趣味，更是把某些靳固不移的东西重新抖落了一遍。颠覆，说到底是一种批判意图。在《死亡与指南针》一篇中，博尔赫斯嘲弄世人迷恋规律的文化理念，断案者一味从犹太教的历史暗雾中去推究事物的因果关系，未料凶犯正是利用那些宗教传说布设迷障，而一切只是始于走错房间的偶然事件。其实，历史未尝不是走错房间之后的将错就错，面对那些因果倒置的文化诠释，博尔赫斯含而不露的微笑中永远带有哲学的沉思。在他最重要的作品《小径分岔的花园》中，无限中的偶然便是一个叙述主题，而如此形而上学的探讨竟采用侦探推理的悬疑手法加以表现，倒是十分具有趣的文学实验。

令人惊讶的是，饱学多识的博尔赫斯实在没有一点学究气。他不仅将艺术与哲理熔铸一体，也善于把不同体裁和叙述手法熔于一炉，在他眼里小说根本就没有文体界限。在他创作起步的年代，新招迭出的乔伊斯和卡夫卡已经把人耍得一愣一愣，他却一眼看穿了人家的家数渊源，所以他能大模大样地绕过现代主义的墙门走得更远。读他的小说，有时恍惚觉出某些十九世纪作家的叙述口吻，那种典雅之风不禁让人往心里去追寻往昔的从容岁月。

本书收录博尔赫斯小说五十九篇，所有篇目均选自我社一九九九年出版的《博尔赫斯全集·小说卷》。这里没有收入的十一篇作品也许不能说都不重要，取舍的标准主要是考虑到国内读者通常的阅读口味，也就是说可读性强的篇目都尽量搁进来了。对于有兴趣作专门研究的读者来说，《博尔赫斯全集》（全五卷）自是必备之书，那是博尔赫斯作品唯一的简体中文版全集，我社仍将继续印行。

按：《博尔赫斯小说集》，浙江文艺出版社 2005 年 12 月出版。

《博尔赫斯谈艺录》编辑手记

博尔赫斯是小说、诗歌名家，但他写得最多的却是随笔札记，就文字篇幅而言，其小说和诗加在一起才跟这些文章大致相垺。以前国内许多出版物介绍博尔赫斯时，这类文字大抵冠以"散文"之称，其实博尔赫斯写的不是通常那种记人叙事、写景状物的散文，而是专门谈论创作问题的艺文随笔。这是作者最擅长的文体之一。

需要稍作说明的是，这些笔触隽永、富于哲趣的文章并不只是玄思匡辩的结果，也包含直接来自生活的印象——郊外灯火，市井打斗，匕首和六弦琴，喧嚣而忧伤的探戈。当过二十年文学教授，又做过十八年阿根廷国家图书馆馆长的博尔赫斯，虽说一生都生活在书籍和文学作品之中，却不是那种只想躲在书斋里的学究式的人物。他讨论创作艺术似乎也跟创作本身一样，同样是从苦难和喟叹之中寻觅世人的精神踪迹。所以，这些智性文章写得极具感性，譬如关于梦魇，关于隐喻，关于时间，关于但丁《神曲》的修辞意图，关于侦探小说的叙事法则，等等，诸如此类的诡谲之辩，让他一说都没有什么让人发怵的地方了。用干干净净直白的语言去解决思辩问题，实在是这世上少有的一项本事。他在一篇介绍莎剧的序言中写道，"我读过许多关于《麦克白》的文章，也忘了不少。"（威廉·莎士比亚《麦克白》）直言"忘了不少"显出一种优雅的自负，是不想搭理那些直冒酸气的专家学者，一句话打发了一大堆麻烦。

博尔赫斯在许多美学看法上都有一点特立独行的意思。比如，他对莎士比亚是否将无限期的经久不衰表示"无可奈何地怀疑"，而坚信许多二三流作家的作品乃或街谈巷议中都可能有着堪与经典作品相媲美的东西——他把产生经典的动因更多地归结为某些接受机遇，经典文本之所以经典则因为有一个历史的动态过程。（《论古典》）他在卡夫卡的小说里追踪卡夫卡的美学先驱，从济慈的诗句中找寻个体与群体的时空联系，从霍桑和爱伦·坡那儿发现了幻想与真实相碰撞的心理轨迹，这些不囿成见的审美认识总是那么新颖而生动，显示出某种超前的感知。人们知道，接受美学是在二十世纪六十年代末开始向唯文本主义发起挑战的，而博尔赫斯早在五十年代初就据于既往的审美经验指示了解释学的路径。他从作者、作品和读者交互关系中发现了历史，而不是根据历史来定义作家、作品，这里边的逻辑关系就像先有鸡还是先有蛋那个古老命题，至今在许多研究者眼里还是一头雾水。

在博尔赫斯的艺术迷宫里还有若干通向哲学的小径，从柏拉图到帕斯卡，从犹太教的神秘哲学到东方佛禅，思维的分岔接连不断地导入幽胜之境。其实他思想的许多方面都走在当日学术前沿，甚至六十年代以后一些名声大噪的新学说也能从他这儿影影绰绰瞧出一点意思，诸如福柯的知识考古学、哈贝马斯的交往理论。当然，博尔赫斯没打算要做哲学家，他最感兴趣的还是现实与想象的关系，时间与无限的奥义——对于作家来说，问题是在多大程度上能够施展自己的"魔幻"之术。这不算什么哲学，甚至都不是一本正经的美学问题，一切取决于经验与情感。

编完这部《博尔赫斯谈艺录》，不由想起中国学者钱锺书在他自己的《谈艺录》中作此自叙："虽赏析之作，而实忧患之书也。"大凡这类智慧之作总是出于心灵深处的诉愿。

以"谈艺录"为书名者非钱氏自创，明代徐祯卿的诗话就作《谈艺录》，编者移至博尔赫斯的艺文随笔似亦妥帖。

博尔赫斯全部艺文随笔约超过一百万字，凡四百余篇。本书选录其中的七十六篇，分别取自作者的十个随笔集，即《埃瓦里斯托·卡列戈》（1930）、《讨论集》（1932）、《永恒史》（1936）、《探讨别集》（1952）、《序言集成》（1975）、《博尔赫斯口述》（1979）、《七夕》（1980）、《有关但丁的随笔九篇》（1982）、《文稿拾零》（1986）和《私人藏书：序言集》（1988）。

按：《博尔赫斯谈艺录》，浙江文艺出版社 2005 年 12 月出版。

“名典书坊”编辑缘起

发轫于五四时期的中国
新文学，实谓华夏智慧面对
现代语境破局之谋，无论就
话语内涵还是文体形式来说，
在文学史的长河中都是一个
激烈的转身。有此剧变，而
有一代风流，数辈绝妙文章。
告别旧时“言志”与“载
道”，新文学义无反顾踏入开
启民智的“立人”之途，那
个充满焦灼与苦闷、喧嚣与
希冀的时刻本身就是饶有意
味的一页。而今回头细看先
驱者的文本，人的诉求依然激动人心——在东西方文化碰撞中彷
徨求索的文学家们，是如此直面人生，向善求真，也竟如此违情
越俗，踔绝无羁。唯因如此，在当下文化多元交融的现实语境
中，现代文学愈益成为人们不可或缺的知识构成和审美记忆。

“名典书坊”着眼现代大家传世篇什，遴选最具阅读价值也

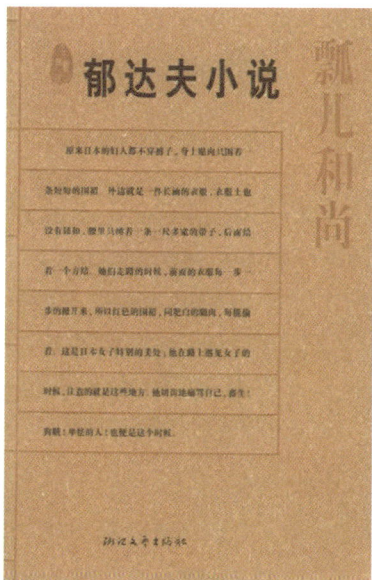

最具人文承载之艺术精品，以作家个人各体创作为单册，拟将陆续分辑推出。自二十世纪八十年代中期以来，本社整理出版现代作家集册凡二三百种，曾先后编有"现代经典作家诗文全编系列"、"世纪文存"、"摩登文本"等现代作品文库。其间幸赖学界人士悉心襄助，钱理群、王得后、吴福辉、凌宇、陈平原、陈子善、沈绍镛、蓝棣之、吴方、傅光明诸位费力尤多。今届重理"名典书坊"，乃有二十年之经验与资源积累，旨在发扬蹈厉，补苴整合，更新致善，为今时读书人提供一套更具普适性的经典读本。

本社编辑同人瘁心戮力之际，但想读者开卷有益，不胜欣慰。

二〇〇五年十二月

按："名典书坊"系现代作家作品萃编，浙江文艺出版社2006 年以后陆续出版。

218

《胡风家书》编辑说明

本书辑入胡风家书三百五十三封，其中致夫人梅志的书信三百三十封。这些书信曾由《新文学史料》发表过十封，《书城》杂志发表过七封，在一九八九年出版的《胡风书信集》和梅志所著《往事如烟——胡风沉冤录》两书中也各选用过一封，其余都是第一次与读者见面。由于这些书信写作年代跨度较大，为便于阅读和检索，本书以胡风与梅志睽隔之期为单元，按时间顺序编为九集。胡风在不同时期写给子女张晓谷、张晓风、张晓山和长媳高庆苹的信件存有二十三封，作为附集列于书后。

其他有关编辑事项说明如下：

一、信件的整理、编辑工作尽可能保存著者文字原貌，除繁（异）体字和明显的错别字外，一般不作改动，信中有些词语用字是当时的语文习惯，可能不合现今书写规范，亦均予保留。

二、书信原件中个别不易认清的字以□代之，一些明显的缺漏酌视文意补入并括以［ ］号，有存疑处用［？］表示。

三、各集中信件分别编号，均按写作日期排列。

四、少数信中有个别地方作了删节处理，凡标有［略］的字样，是信件提供人所作的删除，标有［……］者是编辑的处理。个别需要隐去的人名代之以××或×××。

五、本书注释涉及人名、地名、书名、机构名称和某些事件等。考虑到篇幅因素，所有注释条目尽可能采用简略形式，在人名注释中主要交代人物当时的身份、职务和相关事况，一般不再述及以后的情形。由于解放前后一段时间内人事变动甚剧，有些人物未能获得准确的资料，注文中只能概约言之。注释由编者张晓风撰写，本书特约策划人李庆西、罗晓荷作了增补与修订。

按：《胡风家书》，张晓风编，复旦大学出版社 2007 年 4 月出版。我应邀参加本书审稿、校订等部分工作。

《书林清话》叙略

　　本书裒辑近人叶德辉书话文字三种:《书林清话》、《书林余话》和《藏书十约》。其中《藏书十约》一种,可谓藏书家经验之谈,从"购置"、"鉴别"、"装潢"、"陈列"等十个方面介绍了古书收藏的基本条规。《书林清话》,乃叶氏主要著述之一,影响也最大;《余话》为前者续篇。此二种采撷广博,凡涉镂板、印刷、装帧、传录、收藏、题跋、校雠等史案掌故,皆有考述,故为版本、目录学者所重视。由于书中采用笔记体裁,行文自在,叙述简明,过去亦为一般读者所喜爱。

　　著者叶德辉(1864—1927),字奂彬,一作焕彬,号直山,又号郋园,湖南湘潭人。其称祖籍江苏吴县,系宋代诗人叶梦得(石林)后人。光绪十八年(1892)进士,授吏部主事,两年后假归故里。此后居家从事经学、小学研究,兼及藏书、校书、刻书诸事。不过,叶氏虽负淹雅之名,其行端却多有悖谬之

处，尝为时论所不容。作为一个守旧人物，一个以维护旧道统为己任的读书人，生逢变革之际，其遭遇难堪亦势所必然。面对当日湘中新政蒸蒸日上之局面，此公痛心疾首，吁天呼地，而大发横议。时梁启超主讲长沙时务学堂，宣传维新变法，他写了《长兴学记驳义》一文，放言以斥。至光绪二十六年（1900），又撰《党迷要录》，欲作"康梁逆案之定谳"。他跟新党之间的冲撞，一再升级，几乎到了剑拔弩张的地步。辛亥革命后，竟借革命党人黄兴归省之际，煽动舆论，聚众闹事。这回差点让革命党给惩处，幸赖章太炎等人营救得免。此后，仍不改其旧，到了一九一五年，又呼应"筹安会"而鼓吹帝制。凡此种种，皆可谓之神智昏昏，意气灼灼。叶氏最终殁于非命，一九二七年旧历三月间，遭乡人群殴而毙。关于此中原委，各种说法互有出入，一云农民运动大势所致，一云其侵凌乡邻而激起民愤。事情究竟未详，而叶氏之死，俨然是"土豪劣绅"的下场。

然而，从另一方面看，近代藏书家里边，叶德辉毕竟是比较重要的一家。旧时藏书家必通版本、目录、校雠之学，而叶氏于此尤精。这一点，在他的著作中就能看出。据学者杨树达述称：光绪中，长沙耆儒王先谦（葵园）刻《世说新语》，其时叶氏方初出茅庐，拿到赠本，竟一眼挑出毛病，以致老先生不得不毁板重镌。此系传闻，也许未足可信。但叶氏中岁后，可谓"名溢于缥囊，卷盈乎缃帙"，其学博综百家，而述作不辍，且著好事之名。而著述除上述三种外，尚有《三礼郑注改字考》、《说文解字故训》、《隋书经籍志考》、《汉律疏证》、《四库全书总目板本考》、《观古堂藏书目录》、《郎园读书志》、《郎园书画题跋记》、《北游文存》、《山居文录》等。尤喜辑刻古书，其家刻"观古堂书目丛刻"、"丽楼丛书"和"双梅景庵丛书"等，都几百卷。

既有专诣，着实为海内校勘之家所推重。一九二〇年前后，张元济擘划影印《四部丛刊》，邀南北同道共襄其事，叶氏即在其中。一九三五年，叶氏后人汇其遗著，刻为《郋园全书》，杨树达氏援笔为序，谓："吾师之盛业，殆于网罗四部，囊括九流，钻仰有年，弥嗟卓尔。"又谓："盖先生之于经也，推本雅故，驰贯众家，追踪段、王，自标独得。晚岁笃精小学，史籍有疏，读若有考。……其于史也，淹通目录，识别版藏。凡雕刻源流，传本真赝，莫不骈列在胸，指数如画。"杨氏原出叶氏门下，这些言辞固有过誉之处，但大体亦未失当。

不过，叶氏之著并非完美无瑕。《书林清话》和《余话》中就有一些可议之处，曾有学人著文驳正，如李淼《书林清话补正》就是一种（但《补正》亦有错讹）。中华书局影印原古籍出版社一九五七年版《书林清话》的"出版者说明"中，也认为该书存在若干缺失。其实，叶著考辨前人之说亦屡屡纠谬补苴，而自家也有疏漏之处。中国的古书实在太多太杂，也有着太多的名堂，恐怕什么样的玩家也玩不过来。过去，就连王士禛、阮元、陆心源、顾广圻这类大学者、大藏家都有看走眼的地方，可见版本、目录之学实非易道。

本书所收叶氏三种，以往未见标点单行本。中华书局影印的《书林清话》和《书林余话》二种，只有简单的句读，这对许多读者来说，仍不能解决阅读的障碍。本书的标点算是一个尝试，容有疏谬之处，还请方家不吝指教。

关于本书标点、整理，有以下几点说明：

一、采用的底本。《藏书十约》、《书林清话》二种，取之一九三五年长沙观古堂所刻《郋园全书》。其中《书林清话》经与中华书局影印本（原本为原古籍出版社据一九二〇年观古堂刻本

223

排印）对校，发现这个本子显然优于后者，如卷二"翻板有例禁始于宋人"一则，后者竟阙文一百四十余字。可惜《书林余话》不见于全书，一时也未能找到一九二八的初印本，姑以中华书局影印本代之。

二、叶氏原文系繁体字，本书改作简体字排印。除外，只是改正了一些明显的错字。原书所引书名中的一些避讳字，如《玄真子》作《元真子》之类，已据实改回。至于一些常见的异写，如"抄本"又作"钞本"，"板本"又作"版本"，"装订"又作"装钉""叙"又作"序"，等等，本书未作统一。书中个别专名之异写，如"澹生堂"又作"淡生堂"，系转引诸家著录，自不必一律。书中文字上凡是拿不准的地方，一仍其旧。通假字一律不改。

三、叶氏征引他书文字，有时非原文引录，或有缩略，或作扼述；抑或所引版本有别，照原著之通行本有所出入。本书标点时，这类引述仍标以引号，相与区别正文而已。

四、中国古书之书名，指称繁简颇有伸缩，叶氏往往按行文语境采用简称。为醒目起见，对书中所有简缩书名，亦标以书名号。

五、书中有几处容易引起疑惑的年号或其他问题，标校者略作注释。

六、著者的政治立场已如上述，文中的某些言词亦是其观念之流露。凡是这些地方，也一概不予更动，读者当有鉴识。

七、《书林清话》和《书林余话》中，引述清代目录书的地方比比皆是。其所引者，除《天禄琳琅书目》、《四库全书总目提要》这类官修书目外，大量属私家书目和藏书志、题跋之类。著者举到这些书名，多作简称，兹于阅读有所不便。今列一目录书

224

名对照表，附于书后，以供查对。

八、本书标校蒙雪克先生费心审阅，标校者学力未及的一些疑难问题幸予匡正。谨此深致谢忱。

一九九七年三月十六日校后记，二〇〇八年三月再校

按：《书林清话》，李庆西标校，复旦大学出版社 2009 年 8 月出版。此书原以《叶德辉书话》为书名，由浙江人民出版社 1998 年 7 月出版。复旦版改为插图本，订正了几处舛误。

《父辈的信念》编者说明

　　《父辈的信念》（Faith of My Fathers）是美国参议员、二〇〇八年共和党总统候选人约翰·麦凯恩的回忆录，一九九九年由蓝登书屋出版，曾连续二十四周跻身《纽约时报》畅销书排行榜，颇受西方读者关注。书中讲述其祖孙三代的军旅生涯，以及他们在逆境中表现的追求和信念，并广泛涉及自第二次世界大战以来的许多重大事件。麦凯恩出生于一个海军家庭，祖父和父亲都是海军上将。祖父在二战后期担任美国海军第三十八特混舰队司令官，指挥了从攻占菲律宾到进军日本本土的一系列重大战役；父亲二战时已是潜艇指挥官，后为大西洋舰队两栖作战部队司令，越南战争时期担任美军太平洋地区总司令。麦凯恩本人作为一名海军飞行员也参加过越南战争，一九六七年十月执行任务时在河内上空被

击落，此后长达五年半的时间里一直羁押在河内。本书用了将近一半篇幅叙述麦凯恩的战俘经历，从中国读者不太熟悉的角度呈示了那场战争的另一面。

当然，这种基本囿于个人视角的叙述带有很大的局限性，不可能对越南战争作出全面审视与反省。麦凯恩以军人身份的言诉很大程度上表达了军人的意志和荣誉感，只是执行国家意志的行为总结，并不完全代表他对那场战争的看法。应该说，后来的几十年间，美国朝野各方（政界、军界、思想界乃至广大公众）对于那场战争有过多方面的检讨，作为政治人物的麦凯恩也当从汲取历史的教训。二〇〇九年四月，麦凯恩作为越南政府邀请的客人访问河内，在美女与鲜花的簇拥中重临当年被囚禁的"河内希尔顿"监狱（现已改建成博物馆），此际他心中一定感慨万端。不过这里需要指出，我们很难对书中记述的许多细节（包括越方的虐囚行为）作出事实认定，冷战时期的意识形态对峙或许在很长时间里仍是人类心中的痛楚。从理论上说，任何叙述都是一种建构，也都可能成为对历史事况的颠覆。所以，这都需要在阅读中特别加以鉴识。

鉴于这部回忆录在相当程度上反映了个人与时代的无奈之局，亦考虑到它的史料价值，我们决定出版其中译本。相信中国读者将借此更多地了解美国军人和政治家的精神世界。

二〇〇九年六月

按：《父辈的信念》，〔美〕约翰·麦凯恩著，文敏译，人民文学出版社 2009 年 11 月出版。此书由上海九久读书人特约策划，因书中有大量篇幅涉及越南战争期间越共虐囚事况，出版者担心有违碍之论，按惯例需要有一篇表明出版旨意的卷首语，我应嘱写了此文。

"企鹅经典" 丛书出版说明

这套中文简体字版"企鹅经典"丛书是人民文学出版社携手上海九久读书人与企鹅出版集团（Penguin Books）的一个合作项目，以企鹅集团授权使用的"企鹅"商标作为丛书标识，并采用了企鹅原版图书的编辑体例与规范。"企鹅经典"凡一千三百多种，我们初步遴选的书目有数百种之多，涵盖英、法、西、俄、德、意、日、阿拉伯、希伯来等多个语种。这是一项需要多年努力和积累的功业，只能一步一步去做，但正如古人所云：不积小流，无以成江海。

由艾伦·莱恩（Allen Lane）创办于一九三五年的企鹅出版公司，最初起步于英伦，如今已是一个庞大的跨国集团公司，尤以面向大众的平装本经典图书住著称于世。一九四六年以前，英国经典图书的读者群局限于研究人员，普通读者难以找到优秀易

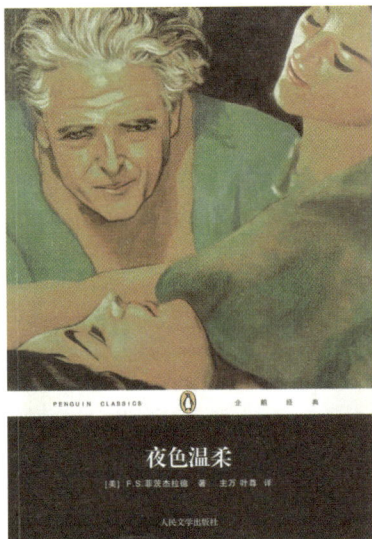

读的版本。二战后，这种局面被企鹅出版公司推出的"企鹅经典"丛书所打破。它用现代英语书写，既通俗又吸引人，裁减了冷僻生涩之词和外来成语。"高品质、平民化"可以说是企鹅创办之初就奠定的出版方针，这看似简单的思路中植入了一个大胆的想象，那就是可持续成长的文化期待。在这套经典丛书中，第一种经典就是荷马史诗《奥德赛》，以这样一部西方文学源头之作引领战后英美社会的阅读潮流，可谓高瞻远瞩，那个历经磨难重归家园的故事恰恰印证着世俗生活的传统理念。

经典之所以谓之经典，许多大学者大作家都有过精辟的定义，时间的检验是一个客观标尺，至于其形成机制却各有说法。作为文明的普适价值的载体与表征，经典的恒久性不能不体现于超越历史语境的内在品质，能够代代延续的作品自有每一代人都喜爱的缘由。然而，经典的诞生也是一个漫长的互动过程，除作品本身的因素，传播者（出版者）、读者和批评者的广泛参与同样是经典之所以成为经典的必要条件。事实上，每一个参与者都可能是一种主体，经典的生命延续也在于每一个接受个体的认同与投入。从企鹅公司最早出版经典系列那个年代开始，经典已经走出学者与贵族精英的书斋，进入了大众视野，成为千千万万普通读者的精神伴侣。在现代社会，经典作品绝对不再是小众沙龙里的宠儿，所有富有生命力的经典都存活在大众阅读之中，已是每一代人知识与教养的构成元素，成为人们心灵与智慧的培养基。

处于全球化的当今之世，优秀的世界文学作品更有一种特殊的价值承载，那就是提供了跨越不同国度不同文化的理解之途。文学的审美归根结底在于理解和同情，是一种感同身受的体验与投入。阅读经典也许可以被认为是对文化个性和多样性的最佳体验方式，此中的乐趣莫过于感受想象与思维的异质性，也即穿越时空阅尽人世的欣悦。换作更理性的说法，正是经典作品所涵纳

229

的多样性的文化资源，展示了地球人精神视野的宽广与深邃。在大工业和产业化席卷全球的浪潮中，迪斯尼式的大众消费文化越来越多地造成了单极化的拟象世界，面对那些铺天盖地的电子游戏一类文化产品，人们的确需要从精神上作出反拨，加以制衡，需要一种文化救赎。此时此刻，如果打开一本黑色封面的企鹅经典，你也许不难找到重归家园或是重新认识自我的感觉。

中文版"企鹅经典"丛书沿袭企鹅原版经典的一贯宗旨：首先在选题上精心斟酌，保证所有的书目都是名至实归的经典作品，并具有不同语种和文化区域的代表性；其次，采用优质的译本，译文务求贴近作者的语言风格，尽可能忠实地再现原著的内容与品质；另外，每一种书都附有专家撰写的导读文字，以及必要的注释等等，希望这对于帮助读者更好地理解作品会有一定作用。总之，这套丛书的编辑者给自己设定了一个绝对不低的标准，他们期望用自己的努力将读者引入庄重而温馨的文化殿堂。

关于经典，一位业已迈入当今经典之列的大作家，有这样一个简单而生动的说法——"'经典'的另一层意思是：搁在书架上以备一千次、一百万次被人取下。"或许你可以骄傲地补充说，那本让自己从书架上频繁取下的经典，正是"企鹅经典"中的某一种。

人民文学出版社编辑部 上海九久读书人文化实业有限公司

二〇一一年四月

按：我本人并未参与这套丛书的编辑工作，只是为其中巴别尔《红色骑兵军》写过一篇导读文章，并应出版者嘱托撰写了这篇出版说明。

《古代文学经典》导言

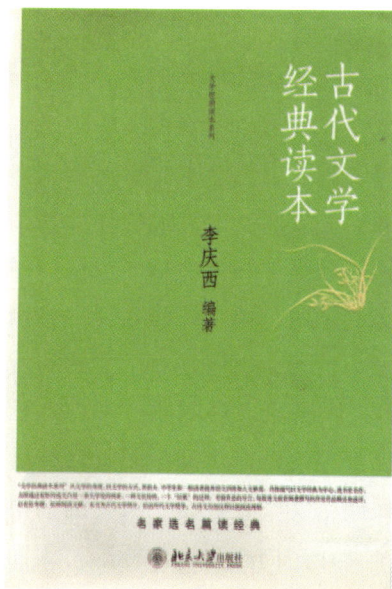

文学的起源在未有文字之前，远古生民自从有了语言思维能力大抵就有了创作，人们从耕耘狩猎、祭祀占卜得来的灵感终而要转化为某种表达。于是有了口传的神话与诗歌，自然也有了在劳作之余娱悦心灵的需要。口传时期的文学活动已难考证，只是有些作品被后人用文字记录下来，像"断竹，续竹，飞土，逐宍"这类古歌谣之所以能被保留至今，就因为它有幸被载录于古代史籍。自从有了文字，文学才算有了能够被追溯的历史。当然，在中国，这段能够被追溯的历史也相当久远，大致在两千五百年至三千年之间。文字的出现不但使得文学的生命得以繁衍，也改变了文学的命运。就作品而言是粗拙俗陋的状态发生了蜕变，渐渐变得精致而讲究蕴藉了；同时创作主体也发生了变化，文人创作理所当然成了文学的主导势力，文学由此开始成为一种自觉的精神活动。

民间创作并未因之而亡，从口传到书写，民间总有自己的作手。从各种文学史著作列述的情况来看，几乎每个时期都有俗文学的血脉汇入主流文学，一些本来不登大雅之堂的东西，或因文人著录而得以弘扬，或是经过一番润泽成了后世追认的经典。不仅较早的《诗经》，像汉代的民歌、六朝乐府、宋元杂剧和话本小说，这些写进了文学史的创作皆是草根社会的贡献。当然还有词和散曲，成为文人雅好之前则是伶工和歌伎之当行。可以说，除了散文与史传作品，其他各种文学样式最初都是俗文学的创制。英雄不问出身，雅俗之间没有迈不过去的门槛，这是中国文学在很长时期内能够持续发展的一个重要原因。

当然，根柢在于一种传统。自春秋战国之际"士"的阶层崛起，成为一个相对独立的知识集团之后，思想学术便于政治权力和世俗生活之外获得了自己的空间。一方面，士大夫的理性和知识观念形成了一种向心力，这使他们获得了领袖文坛的资格；另一方面，面对那些来自民间原生态的东西，他们往往表现出相当的涵容，这也许是出于智识者的人间情怀，也许是由于情感和美感经验最容易产生共鸣。事实上，像屈原、陶渊明、李白、杜甫、苏轼，那些不同时代的大诗人都很愿意向民间学习，从彼处汲取艺术素养。当然，如何评隲民间俗文学，自是士大夫的话语权力——应该说这里有一套与整个文化走向相协调的标准，因而他们不太关注的变文、弹词之类也就难得引起后人的注意。然而，总的来说，中国文学的整个发展过程体现了士人风雅与民间俗唱的共生关系。认识这一点，对学习中国古代文学至为重要，因为这里牵涉到若干带有规律性的问题——

一、中国文学的主流是在精英文学与俗文学的交融、汇合中形成的，士大夫文人和民间作手代入的不同文化因素给文学发展带来了长久的生命力。

二、俗文学在体裁样式、语言乃至话语方式（包括情感内容）诸方面显示了丰富的创造性，在各个阶段上给主流文学注入了新鲜活力。

三、文人创作注重艺术提炼，别裁体例，整饬形式，并以个人风格发展了文学的多样化局面。文的自觉始于"士"的崛起，智识精英的怀疑精神和忧患意识了奠定了中国文学的人文蕴藉，因而生发出一种追求超越的美学导向。

四、雅俗层面的交互影响不等于彼此界限消弭，事实上就审美趣味而言，士大夫与芸芸众生相去甚远。至于文人创作能涵纳民间情调，亦自有其选择。

五、从文化承传的意义上说，中国古代文学的历史可谓士大夫文人的精神谱系，唯因自觉的创造才有本体之建设，所以一切的艺术变迁中都能寻见士大夫文人的心路程。

也许有必要指出，对中国古代文学的基本认识并不是一个没有争议的问题。近世以来，在五四新文化的语境中，有相当一些学者提出民间俗文学与主流文学并行发展的看法，或认为至少应重新评估其历史地位。像胡适作《白话文学史》，郑振铎作《中国俗文学史》，还有顾颉刚等人对民间故事和歌谣的搜寻整理，都是引人瞩目的课题。寻绎俗文学旧踪自是为当日平民的新文学打听历史消息。亟亟然替俗文学争地位，大抵出于学术以外的考虑——清季以降，文人近俗已是普遍的文化心态，到了鼓吹"文学革命"之际更是成了与时俱进的文化姿态。此姑不论，问题是事情一定要弄成正朔之分、嫡庶之争，中国文学的发展脉络就永远扯不清楚。他们并非不明白主流文学与俗文学之间的互动关系，却只将文坛上的雅俗交融视作士大夫精英对民间作手的掠夺，这就弄出一种"苦大仇深"的意思了（不妨顺便提一下，一九四九年以后出版的一些文学史教程多贯以阶级斗争主线，人们以为受制于意识形态的现实压力，其实事情远比这复杂，某些话语踪迹可追溯到"五四"以前）。

如果说俗文学自身有一个完整的谱系，那么民间的自发创作应该是一个自有承启关系的历史过程，可是这事情不能得到证明，因为民间创作从来都不曾形成具有某种精神走向的文学思潮。但反过来说，整个古代文学史则处处印证着士者的思想历程。

这里之所以要强调文人创作的主导性，不仅是因为它提供了文学史上大多数经典文本，而且从接受的意义上考虑，也只有着眼此端才能理解文学潮流中个体创造的意义（俗文学本身具有集体审美记忆的性质，很难从那种集体表象中发现个性特征）。其实，硬要拿俗文学去勾勒一套"文学史"，许多饶有意味的历史进程只能做缺省处理，这样一来什么文体、风格、气韵即无从谈起，文学的承载也卸去许多。

文学创作首先是个体的精神活动，同时它离不开特定的历史语境和人文背景，所以在个性与传统之间总是有着变幻莫测的复杂路径，事情往往不是继承或叛逆那么简单，有时石破天惊的变革就在削足适履的无奈中发生。像杜甫以矫枉的"变体"、"变调"独开生面，很难说只是"性僻耽佳句"的习惯使然，他看上去不像是存心要发动一场诗界革命，但半生郁闷的顿挫苦吟竟让他终结了天真豪迈的盛唐诗风。作为过程，创作本身是一种"文人化"的实践，是面对自我面对世界的对话。行吟泽畔的屈原问天问地问自己，终将心中万分屈辱化作彷徨求索的诗句，士大夫文人的特立独行就这样变成了一种精神自救。

那么俗文学呢，其实俗文学之"俗"说到底在于个性缺失。"劳者歌其事"的民间作手固然感于哀乐，却不会有士大夫的精神负荷，他们质朴、真率的创作是自娱而不是自救，有反抗之声而非发愤之作。当然，它那里边也能见出个体创作难以企及的智慧程度，难怪文学的荒村野径每每给文人带来"七八个星天外"的惊喜。可是，如果某种俗文学能够在士大夫的精神世界里照亮一隅，那还是因为有人把它带入了"文人化"的历程。譬如《诗经》的十五国风，那些来自乡野的歌谣最终成为一种经典，其间不但有"王官采诗"那种披沙拣金的功夫，也是儒者持续诠释（包括所谓"创造性误释"）的结果，不管那里边有多少谬见，这个正典化的过程同样凝聚着文人为伊而憔悴的精神内容。从这个意义上说，一切经典文本都是一种文人传统的见证。

当然，文学发展与衍化跟整个思想、风习与文化语境息息相关。一个不能忽视的前提是，中国很早就形成相当完备的国家学说和国家意识形态，这个历史过程远在西汉董仲舒阐述君权神授和三纲五常之前，而后来行之于世的儒家宗法制度几乎消化了佛教传入东土之前所有的思想资源——其本身亦糅入了先秦道家、法家治国之道，以及天道观和阴阳、五行学说。所以自秦汉以后，作为知识阶层的士者基本上被纳入了以王权为核心的国家政治文化体制，留给个人的思想空间实在是十分有限。

所以，即便像屈原那样的大诗人也只能将宗国社稷作为自己的精神家园。《离骚》之忧愤之怨怼，其实只在于楚王"不抚壮而弃秽兮"；这种围绕君主轴心的忠、奸、庸三角互动奠立了中国文学一种基本叙事模式。屈原"荃不察余之中情兮"（《离骚》）的慨叹真是中国文人的千古之叹，譬如一千五百年后辛弃疾北望中原，仍是"栏杆拍遍，无人会，登临意"。古代士大夫文人何以不能摆脱这种精神依附，不是文学史要讨论的问题，但屈原以后优秀的文人创作大多表现出某种规避、逃逸乃或挣扎姿态。陶渊明"结庐在人境"，歌咏归园田居，俨然逸出体制樊笼。《世说新语》撇开名教礼法，着眼于言语、情采等人格形态，琐言长语中自有人性发现。李白的诗歌并无深刻之见，却以天马行空的恣放表达了超越现实羁累的想象。杜甫恰好从盛世走入乱世，国家理念与现实已是严重移位，这使他不得不直面人的生存境遇。苏轼的宦途与屈原很有相似之处，却在诗词文章里以通脱的笔墨表现人生之慰藉，也许是参禅礼佛使之对生命另有感悟。其实，文学的离经叛道往往借路空门。佛教作为消解儒学意识形态的重要思想资源，其作用或比道教更为明显，明代以后《西游记》、《金瓶梅》、《红楼梦》那些具有叛逆意义的小说都明显受到佛教影响。鼓吹"性灵"的晚明文人大兴以佛诠儒之风，亦多少瓦解了笼于文学的儒学国家主义语境。

从纠结于意识形态的复杂喻象转为面向现实之人性化表达，往往伴随着某种曲折的叙事策略。譬如，唐宋传奇一些表现爱情和同情女性命运的篇什，为规避纲常名教，多将女主人公弄成鬼神或倡女身份，亦颇煞费苦心。譬如，《儒林外史》以祭祀泰伯重振斯文，明显是反儒学道统（以泰伯为士者先圣，无疑从儒学殿堂里撤去了孔子牌位），暗里却借力于孔子（泰伯在孔子眼里是"至德"之人）。中国小说里这种拐弯抹角的"曲笔"很多，《水浒传》、《西游记》里都有，其中不乏隐喻或暗示的美学趣味。总之，文学如何摆脱令人窒息的儒学语境，将心灵之狱挣开一道罅隙，需要创作者付出格外的心力。

当然，有时是外部世界的变易（如王朝兴替）提供了某种机缘。譬如，蒙古入主中原在很大程度上改变了汉族士人的生命轨迹，宗国社稷既已不存，精神亦无可依附。彷徨失落之际许多人转向俗文学领域，他们直接从民间汲取艺术养分，创作杂剧与散曲，或整理话本小说，从而造成元代戏曲、小说之繁盛局面。

另一个重要机缘是儒学自身的分裂。明代中期以后阳明学之兴起，开启"良知"对"天理"的质疑，而至鼓吹"百姓日用为道"的泰州学派，更是发展成"人欲"挑战"天理"之局面。两千年来对士人的思想禁锢至此开始有了松动，像《金瓶梅》那样不惮以大量性描写触忤礼教禁忌，亦自反映了当日思想分离、礼教崩坏之背景。明清小说比之唐宋传奇实有长足进步，主要是因为有更多人性的自觉表现。

从另一方面看，中国文学的文人传统也体现于体裁、形式与表现手法之演进过程，这也是理解其血脉传承的重要内涵。编撰者认为，对中国古代文学的基本认识亦基于诗赋词曲及文章、戏曲、小说各体之发展与嬗变。所以，本书编撰思路比较重视文体演化过程，在各章概述中尽可能勾勒出一个简明而清晰的脉络。

本书分列二十八章，试图串联中国古代文学的各个重要节点，构成一个极简的古代文学史框架。各章均由作家（作品）概述和选文两部分组成，具体安排如下：

先秦：诗经，庄子，屈原

汉代：史记，汉赋，乐府古辞，古诗十九首

魏晋六朝：陶渊明，世说新语

唐代：李白，杜甫，白居易，韩愈·柳宗元，唐传奇

五代至宋：李煜，苏轼，李清照，辛弃疾

元代：窦娥冤·西厢记，元散曲，三国演义，水浒传

明清：西游记，金瓶梅，三言／二拍，明清小品文，儒林外史，红楼梦

限于编纂体例与篇幅，这些作品选文不可能涵括中国古代文学的整体面貌，但它们是中国两三千年来最辉煌的篇章，如果把整个中国古代文学喻为一座大厦，那么这些作家作品则可谓起到顶梁柱作用的关键性构件。其实，这里选择的对象主要不仅着眼

其文学史上的地位，也考虑到是否对中国人的文化心理建构有所影响。应该说，作家作品之文学史地位是一个容易引起争议的问题，譬如也许有人认为李商隐比白居易重要，而仅以苏轼体现宋诗创作是否远远不够，诸如此类。这些涉及编撰思路的问题，在此不妨略作说明：

首先，编撰者理解的文学史地位，不仅考虑作家作品在历史上的地位，也基于现代读者阅读与接受程度。如果说"一切历史都是当代史"，所谓文学史地位很大程度上也即当代读者心目中的地位。显然，如今白居易的读者远比李商隐要多，这是选择他的原因。元明清时期小说选得比较多，也在于其现实影响。但是，将现在鲜有读者的汉赋列为一章，是因为辞赋一体几乎贯串千年，认识古代文学这是不可或缺的一环。总之，这里有一个平衡的考量。

其次，文学表达的创新意义是一个重要标准。这里，唐代以后诗家仅列入苏轼一人，而五代至两宋则主要以词人为主，这是考虑到诗之一体在意境上已很少有新的开拓，而宋词、元曲则更能代表一时代之文学。虽说传统的古体与近体诗一直是文人创作主流样式，甚至晚近的清诗在学人中间亦颇有嘉誉，但编撰者认为唐代以后文人诗愈益成为学识修养之载体，或纯粹流于一种清娱雅好，与文学本意已渐行渐远。当然，可选的诗家依然有之，倘若篇幅允许，南宋陆游、金代元好问等，亦可备选。

再者，平衡各种文学体裁也是考虑的因素之一。戏曲是古代文学一个有趣的门类，也许已经不太适合现代人口味，但本书还是介绍了关汉卿的《窦娥冤》和王实甫的《西厢记》。其实，明代汤显祖的《牡丹亭》也值得一说，因篇幅所限只能割舍。

本书所选诗文中生僻、疑难字句，或某些专有名词，皆于篇末都加以注释，以助疏通文意。方便阅读理解。各章末尾列出思考题一组，有意对文体特征、风格要素乃至美感意识几方面加以提示，以期引起研习的兴趣。

中国古代文学可谓浩如烟海，本书编纂过程中自然难处多多，这都不必细述。编撰者亦由此意识到，做一部极简的文学史和作品选本实在大有必要。但因学识水平有限，错舛和疏漏恐在所难免，还望读者和方家不吝指正。

二〇一三年四月十八日于杭州

按：《古代文学经典读本》，李庆西编著，北京大学出版社2015年1月出版。上海教育出版社曾于2005年出版钱理群、郜元宝和我共同编撰的《大学文学》，我承担了那个读本的古代文学部分。上教社合同到期后，北京大学出版社约请我们另编为古代文学、现代文学、当代文学和外国文学四种，作为一套经典读本系列（当代一种由孙郁编撰）。《古代文学经典读本》在原书古代一编基础上作了大幅度扩充。

"新人文论"丛书再版序言

许多年以后，我们才意识到，一九八四年冬天在杭州举行的小范围座谈会给中国文学发展带来何等重要意义。许多人把那次座谈会称作"杭州会议"，陈思和教授主编的《中国当代文学史教程》也专门提到了那次会议。其实它有一个更正式的名称，叫作"新时期文学创新座谈会"。现在看来"创新"这个字眼似乎平淡无奇，可是在当时的语境中却有着相当实际的理论指向，就是如何突破带有历史主义框架的"工具论"的神道设教。

会议的三位主要策划人茹志鹃、李子云、周介人，时为上海作家协会和《上海文学》负责人，他们之所以选择在杭州举办会议，其中有一个原因是浙江的作家和出版单位对文学新思潮开始有了深度介入。当时我们二人是浙江文艺出版社的年轻编辑，评论界正在发生的变革引起我们极大兴趣，本社刚刚出版了青年学子许子东的《郁达夫新论》，我们亦将目光投向上海另外两位青年评论家吴亮和程德培。我们开始意识到，那些具有颠覆性的话语方式将整个儿地改变文坛面貌。于是，出版一套"新人文论"丛书的构想渐渐浮现在我们脑子里。在二十世纪八十年代中期，京沪以外的地方出版社能够接触的作者资源还相当有限，正当我们苦于书稿难觅之际，在家门口召开的"杭州会议"不啻送来一个极好的机会。

作为会议合办方浙江文艺出版社（另一合办单位是杭州市文联）参会人员，我们全程聆听了会议座谈，有幸见证了那场叙事话语革命的头脑风暴。也许，寻根文学发轫，先锋小说崛起，都可以追溯到当日的讨论。毋庸置疑，那是八十年代最重要的文学聚会之一。当然对我们来说，一项实际的收获就是结识了众多思想敏锐的作家和评论家，使我们构想中的"新人文论"丛书有了明确目标。记得参加会议的有三十余人，其中作家有茹志鹃、李陀、郑万隆、阿城、陈建功、韩少功、陈村、李杭育等十几位，而评论家阵容亦颇耀眼，有李子云、徐俊西、周介人、鲁枢元、黄子平、程德培、蔡翔、许子东、陈思和、吴亮、季红真、南帆等人。我们的组稿对象是那几年刚刚崭露头角的青年评论家们，后来进入"新人文论"阵容的作者差不多有一半都在那次会上。在"新人文论"之外，我们还趁势组约了作家韩少功的一本文论集。会议空隙中的几番忙碌，使我们这套丛书俨然有了像样的规模。

"新人文论"丛书融合了文学批评、文学史与理论探讨几方面内容，对象就是中国现当代文学（包括"新时期文学"）。在黄子平、陈平原、钱理群提出"二十世纪中国文学"、陈思和提出

"中国新文学整体观"概念之前,我们这套丛书的基本构架已经按照打通现当代的思路来做了(九十年代以前,现代与当代文学尚分属不同学科),这是我们后来感到颇为得意的一点。其实,并非因为我们亦同样具有与那些研究者相似的学术眼光,而是当时的理论语境给予我们这样的启示,我们感受到的批评与研究潮流本身就是重新寻找现代性的一个"有机的整体"。当然,这项工作具体做起来自有分工,当时我们二人兴趣更多集中在与当代文学相关的理论问题,丛书中侧重现代文学的几种,大多是我们尊敬的前辈编辑铁流先生的劳绩。

自一九八五年至一九八九年间,"新人文论"丛书先后出版了以下十七种:吴亮《文学的选择》、程德培《小说家的世界》、许子东《郁达夫新论》(增订版收入丛书)、季红真《文明与野蛮的冲突》、周政保《小说与诗的艺术》、刘纳《论"五四"新文学》、黄子平《沉思的老树的精灵》、南帆《理解与感悟》、赵园《论小说十家》、李黎《诗与美》、蔡翔《一个理想主义者的精神漫游》、王富仁《先驱者的形象》、陈平原《在东西方文化碰撞中》、殷国明《艺术形式不仅仅是形式》、蓝棣之《正统的与异端的》、王晓明《所罗门的瓶子》、李劼《个性·自我·创造》。本来计划中还有陈思和一种,后来因故搁浅,一直是我们十分遗憾的事情。

概而言之,这套丛书是八十年代初开始活跃于文坛的青年学者和批评家的一次集体亮相,映照着三十年前文学观念嬗变的思想大潮。我们至今认为,近世以来在中国人撰写的文论著作和批评文章中,此前尚未有过这样的精神视野和理论探索之勇气。因而,这套丛书的出版,对于文艺学研究,对于当代创作乃至五四以来的新文学研究,都有着持续而深远的影响,随着时间推移愈显其原创文本的经典性。

现在看来,这套丛书也许尚有某些不足,当时作为"新人"

的作者大多处于学术起步阶段，日后他们对自己的学术观点乃至整个研究路径可能有过重大调整，甚至亦难免"悔其少作"的自谦心态。然而，已经成为文学史记忆中的这套丛书，如今仍然以其原初的文学理想昭示着可贵的探索精神。三十年过去了，当日的种种话题有些已经成为理论共识，有些则布下了日后形成学术歧见的"草蛇灰线"。当文学乃至人文精神式微之后，重读当年"新人"之作，自有"温故而知新"的精神感悟。我们认为，"新人文论"之重要性大抵可归纳为这样三点：

一、首先是理论突破性。丛书作者突破了将文学作为意识形态工具的思想禁锢，关注人性和人的精神世界，确立了文学的主体价值。在努力探寻艺术规律的同时，引入其他人文学科理论因子，改变了以往文学批评的单一话语方式，并将研究目光导向文化／文明范畴。

二、新一代评论家和研究者的成功崛起，是八十年代思想解放在文学领域的标志性事件。这个新的群体势必带来一种多元化局面，打破了长期以来科层化的文艺研究部门的政策性垄断。这些作者将个性化思维代入五四新文学以来累积的问题意识，亦改变了旧有的创作研究格局，昭示着体制性文艺学开始走向瓦解。

三、印证了"不拘一格降人才"的时代风气。这套丛书有十三种是作者出版的第一本书（仅王富仁、赵园、王晓明、李劼四种为作者第二本书）。经历了三十年岁月磨砺，当初的"新人"如今绝大多数成为国内评论界和学术界的领军人物。其实，绝非编辑者有多么高明的人才眼光和学术前瞻性，八十年代绝对不像现在这样崇拜权威与名家，那是人文领域难得的容纳创造性思维的年代。

鉴于上述认识，我们觉得有必要重新出版"新人文论"丛书，不仅是一种纪念，亦是为着赓续三十年前的创造——三十年前的一九八四年，难道不是仍给我们留着思想的门缝？一九八四，在乔治·奥威尔的书写中是思想禁锢的标识，而在我们的记忆中却是某种自由叙事的开端。

遗憾的是，由于时间与技术原因，这次再版未能联系到初版十七种的全部作者，其中周政保、李黎、李劼三种只能暂付阙如。另外让我们感到高兴的是，原先因故未出的陈思和一种，终于能够得以补入。因而，这次再版的"新人文论"丛书是十五种。再版的各书除个别有所增补之外，我们只订正了文字舛误，另外由作者本人加写了一篇再版后记，其他一概按初版原貌刊印。

丛书再版得到十五位作者和华东师范大学出版社的热忱支持，以使我们的想法再度得以实施，所以在此附记一笔，以申谢悃。其他要感谢的人士很多，不能一一具述。

二〇一四年九月记

按：新版"新人文论"丛书由上海九久读书人组织策划，华东师范大学出版社 2014 年 12 月出版。丛书序言由我执笔，黄育海与我共同署名。

图书在版编目（CIP）数据

书偈／李庆西著. — 北京：中国文史出版社,2017.1
ISBN 978 - 7 - 5034 - 8549 - 7

Ⅰ. ①书… Ⅱ. ①李… Ⅲ. ①书评 - 中国 - 现代 - 选集 Ⅳ. ①G236

中国版本图书馆 CIP 数据核字（2016）第 270989 号

责任编辑：马合省　薛媛媛

出版发行：**中国文史出版社**
网　　址：http://www.chinawenshi.net
社　　址：北京市西城区太平桥大街 23 号　邮编：100811
电　　话：010 - 66173572　66168268　66192736（发行部）
传　　真：010 - 66192703
印　　装：北京温林源印刷有限公司
经　　销：全国新华书店
开　　本：720×1020　1/16
印　　张：16.25　　字数：88 千字
版　　次：2017 年 1 月第 1 版
印　　次：2017 年 1 月第 1 次印刷
定　　价：68.00 元